AF314804

MEROPE.

PERSONE.

POLIFONTE.

MEROPE.

EGISTO,

ADRASTO.

EURISO.

ISMENE.

POLIDORO.

ACTEURS.

POLIFONTE.

MEROPE.

EGISTE.

ADRASTE.

EURISES.

ISMENE.

POLIDORE.

MEROPE.

ATTO PRIMO.

SCENA I.

MEROPE, POLIFONTE.

POL. MErope, il lungo duol, l'ira, il sof-
      petto
Scaccia omai dal tuo sen : miglior destino
Io già t'annunzio, anzi ti reco. Altrui
Forse tu no'l credesti ; ora à me stesso
Credilo pur , ch'io mai non parlo indarno.
In consorte io t'elessi : e vo' ben tosto ,
Che la nostra Messenia un'altra volta
Sua Reina ti veggia. Il bruno ammanto ,
I veli , e l'altre vedovili spoghe
Deponi adunque , e i lieti panni , e i fregi
Ripiglia , e i tuoi pensier nel ben presente
Riconfortando omai , gli antichi affanni ,
Come saggia che sei , spargi d'oblio.

MER. O Ciel ! qual nuova specie di tormento
Apprestar mi vegg'io ! Deh Polifonte ,
Lasciami in pace , in quella pace amara ,

MEROPE,
TRAGEDIE.

ACTE PREMIER.

SCENE I.

MEROPE, POLIFONTE.

Pol. BAniſſez deſormais, Madame, ces longs regrets, la colere, les ſoupçons qui troublent votre cœur; je viens vous annoncer, ou plûtôt je viens vous offrir un deſtin plus heureux. Vous euſſiez peut-être refuſé d'en croire un autre que moi; mais croiez mes diſcours, aſſurez-vous ſur une parole que je n'ai jamais donné ſans effet. Je vous ai choiſi pour mon épouſe; je veux que bientôt Meſſene vous reconnoiſſe encore une fois pour ſa Reine: _ quittez donc ces lugubres habits, ces voiles & ces autres marques de votre veuvage, prenez des ornemens conformes à votre nouvelle fortune, & que votre bonheur preſent efface le ſouvenir de vos chagrins paſſez.

Mer. O Ciel! quel nouveau genre de tourmens m'eſt préparé ? Eh Polifonte, laiſſe-moi en paix, dans cette paix amere que les infor-

Che ritrovan nel pianto gl'infelici,
Lasciami in preda al mio dolor triluſtre.

POL. Mira, s'ei non è ver, che ſuol la donna
Farſi una inſana ambizion del pianto!
Dunque negletta, abbandonata, e quaſi
Prigioniera, reſtar più toſto vuoi,
Che ricovrar l'antico regno? MER. Un regno
Non varebbe il dolor d'eſſer tua moglie.
Ch'io doveſſi abbracciar colui, che in ſeno
Il mio conſorte amato, (ahi rimembranza)
Mi ſvenò crudelmente? e ch'io doveſſi
Colui baciar, che i figli miei trafiſſe?
Solo in penſarlo io tremo, e tutte io ſento
Ricercarmi le vene un freddo orrore.

POL. Deh come mai ti ſtanno fiſſe in mente
Coſe già conſumate, e antiche tanto
Ch'io men ricordo à pena! mai, i' ti priego,
Dà loco à la ragion: era egli giuſto,
Che ſempre ſù i Meſſenj il tuo Cresfonte
Solo regnaſſe, e ch'io non men di lui
Da gli Eraclidi nato, ogn'or viveſſi
Frà la turba volgar confuſo, e miſto?
Poi tu ben ſai, che accetto egli non era;
E che non ſol gli eſterni aiuti, e l'armi,
Mà in campo à mio favor vennero i primi,
Ed i miglior del regno: e finalmente,
Ciò che à regnar conduce, ogn'or ſi loda.
Che ſe per dominar, ſe per uſcire
Di ſervitù, lecito à l'uom non foſſe
E l'ingegno, el valor di porre in opra,
Darebbe Giove queſti doni indarno.

MER. Barbari ſenſi! l'urna, e le divine

tûnez trouvent à verfer des larmes , laiffe-moi
en proye à la douleur qui me poffede depuis
trois luftres.

Pol. Qu'il eft bien vrai que par une ambition infenfée les femmes font parade de leur
douleur ! eh quoy vous voulez donc refter dans
cet état obfcur, abandonnée & prefque capti-
tive , plûtôt que de remonter fur votre ancien
Trône ?

Mer. Quel Trône voudroit-on acheter par
l'horreur d'un tel Hymenée ? Quoy je devrois
mes embraffemens au barbare qui a égorgé entre mes bras un Epoux que je cheriffois fi ten-
drement ? Cruel fouvenir ! mes baifers feroient
dûs au boureau de mes enfans ! ah la feule penfée m'en fait fremir, & je fens tout mon fang
fe glacer d'horreur dans mes veines.

Pol. Eh quoy, Madame, le fouvenir de ces
chofes fi anciennes, que le temps les a prefque
effacées de ma memoire , fera-t-il toûjours prefent à votre efprit ? Ah de grace laiffez-vous
toucher à la raifon : étoit-il jufte que Cresfonte votre Epoux regna feul à Meffene ? & que
moi qui defcends d'Hercule comme lui, je de-
meuraffe confondu parmi la troupe vile & obfcure de fes fujets ? d'ailleurs , vous le fçavez,
il n'étoit point aimé , les feuls étrangers n'ont
point combattu pour moi, les premiers de l'E-
tat , les meilleurs Citoyens fe font armez en
ma faveur. De plus, tout ce qui peut mener
au Trône eft toujours digne de louange ; & s'il
n'étoit pas permis d'employer l'adreffe & la
valeur pour fe tirer d'efclavage , pour s'élever
au pouvoir fouverain, en vain Jupiter accor-
deroit ces dons aux mortels.

Mer. Quelles barbares maximes ! l'Urne

MEROPE.

Sorti fu la Meſſenia al ſol Cresfonte
Dier diritto, e ragion: mà quanto ei foſſe
Buon Rè, chiedilo altrui, chiedilo à queſto
Popolo afflitto, che tutt'ora il piange.
Tanto buon Rè provollo eſſo, quant'io
Buon conſorte il provai. Chi più felice
Viſſe di me quel primo luſtro? e tale
Ancor vivrei, ſe tu non eri. Inſana
Ambizion ti ſpinſe, invidia cieca
T'invaſe, e quale, ô Dio, qual' inaudita
Empietà fù la tua, quando nel primo
Scoppiar de la congiura, i due innocenti
Pargoletti miei figli, ah figli cari!
Che avrian, co'bei ſembianti, e con l'umile
Lor dimandar mercè, le tenerelle
Lor mani, e gli occhi lagrimoſi alzando,
Avrian moſſo à pietà le fere, e i ſaſſi,
Trafiggeſti tu ſteſſo! e in tutto il tempo,
Che pugnando per noi ſi tenne Itome,
Quanto ſcempio tal'or de' noſtri fidi
In Meſſene non feſti? e quando al fine
Ci arrendemmo, perche contra la fede
Al mio ſpoſo dar morte? ô tradimento!
E ch'io da un moſtro tale udir mi debba
Parlar di nozze, e ricercar d'amore?
A queſto ancor mi riſerbaſte, ô Dei?

POL. Merope, omai t'accheta: tu ſe' donna
E qual donna ragioni: i molli affetti,
Ed i teneri ſenſi in te non biaſmo,
Mà con gli alti penſier non ſi confanno.
Mà dimmi, e perche ſol ciò che ti ſpiace
Vai con la mente ricercando, e ometti
Quant'io feci per te? che non rammenti,
Che il terzo figlio, in cui del padre il nome

fatale , les oracles des Dieux n'avoient-ils pas
donné le Sceptre de Messene au seul Cresfonte?
n'avoient-ils pas décidé en sa faveur ? il n'étoit
point aimé ; demande-le à ses Sujets ? deman-
le à ce peuple affligé qui pleure encore sa perte ? il l'éprouva aussi bon Roi que je le trouvai bon mari. Quel bonheur égala celui dont je
jouissois pendant ce premier Lustre ! helas sans
toi il durcroit encore. L'ambition insensée, l'a-
veugle jalousie s'empara de ton ame : Grands
Dieux , quelle fut ta barbarie, lorsque pour si-
gnal de la conjuration , mes deux jeunes fils ,
ces chers fils , qui par leur âge tendre , par leur
beauté, par leur maniere soumise de te demander grace vers toi , en élevant leurs foibles
mains & leurs yeux pleins de larmes , auroient
attendri les monstres les plus cruels , & les ro-
chers les plus durs , ces deux fils périrent par
tes propres mains ? Quel carnage ne fis-tu pas
dans Messene de nos plus fideles Sujets tant que
la forteresse d'Itomé soûtint le parti de ses Rois?
mais pourquoi lorsque nous nous rendîmes à la
fin, pourquoi par une barbare trahison massa-
crer mon Epoux contre la foi des sermens ? &
je suis forcée d'entendre aujourd'hui ce mon-
stre me parler d'amour , &'offrir son Hymen !
à quel malheurs m'avez-vous réservée, Grands
Dieux ?

P o l. Madame , appaisez-vous , vous êtes
femme, & ces discours sont ceux de votre Sexe : je ne blâme point cet amour & ces tendres
regrets que vous faites paroitre ; mais croyez-
moi, ils conviennent mal aux sentimens relevez
de votre condition. Pourquoi rappeller à votre
esprit tout ce qui peut vous affliger? pourquoi
taire tout ce que j'ai fait pour vous ? vous ou-

Ti piacque rinovar , tu trafugasti ,
E ch'io'l permisi , e che à la falsa voce
Sparsa da te de la sua morte io finsi
Dar fede , e in grazia tua mi stetti cheto ?

MER. Il mio picciol Cresfonte , ch'iera ancora
Presso di me , non giunto anco al terz'anno ,
Ne' primi giorni del tumulto , in queste
Braccia morì per troppo , e de la fuga
Al disagio non resse. Ma che parli ?
Cui narri tu d'aver per lui dimostro
Cor sì benigno ? forse Argo , e Corinto ,
Arcadia , Acaia , e Pisa , e Sparta , in fine
E terra , e mare ricercar non festi
Pe'l tuo vano sospetto ? e al giorno d'oggi
Non fai tu ancor , che sù quest' empia cura
In più parti si vegli ? ancor ti duole ,
Che la natura prevenendo il ferro ,
Rubasse à te l'aspro piacer del colpo.

POL. Ch'ei non morì, in Messene à tutti è noto;
E viva pur : mà tu , che tutto nieghi ,
Negherai d'esser viva ? e negherai ,
Che tu no'l debba à me ? non fù in mia mano
La tua vita sì ben , come l'altrui ?

MER. Ecco il don de i tiranni : à lor rassembra
Di dar la vita à chi non dan la morte.

POL. Ma lasciam tutto ciò ; lasciam le amare
Memorie : al fine , io t'amo , e del mio amore
Prova tu vedi , che mentir non puote.
Ciò ch'io ti tolsi , à un tratto ecco ti rendo ,
E sposo , e regno , e figli ancor , se in vano

bliez que ce dernier de vos enfans à qui vous
voulûtes donner le nom de son pere Cresfen-
te, vous le fites enlever , & que je ne m'y op-
pofai point , que je feignis d'ajoûter foi au faux
bruit que vous répandites de fa mort ; & que
la tendreffe que j'ai pour vous me fit refter tranquille.

MER. Mon fils Cresfonte qui avoit à peine
atteint fa troifiéme année ? helas. il n'eft que
trop vrai qu'il mourut dans mes bras dès les
premiers jours de la révolte , la mort lui épar-
gna les malheurs de l'exil. Mais que me dis-tu?
devant qui crois-tu parler de tes bontez pour
cet enfant infortuné ? n'as-tu pas fait parcourir Argos, Corinthe, l'Arcadie, l'Achaïe, Pife,
Sparte, enfin la terre & la mer pour fatisfaire
un vain foupçon ? ce foin cruel ne t'occupe-t-
il pas encore aujourd'hui ? n'occupe-t-il pas les
barbares que ta fureur tient répandus de tous
côtez ? il te fâche que la nature prévenant le
fer, t'ait ravi le plaifir barbare de le percer toi-
même.

POL. Tout Meffene eft inftruit qu'il ne mourut point alors , & qu'il eft encore vivant ; mais
vous-même qui le niez , nierez-vous auffi que
vous vivez , & que vous le devez à ma feule
bonté ? votre vie n'étoit-elle pas entre mes
mains comme celle des autres à qui le l'ai ravie?

MER. Voilà les prefens que nous font les
Tyrans, ils croient donner la vie lorfqu'ils ne
donnent pas la mort.

POL. Madame , quittons ce difcours , & ne
rappellons point ce trifte fouvenir ; je vous aime , & je veux vous donner des preuves finceres de mon amour. Je fuis prêt à vous rendre
tout ce que je vous ai ravi, un Sceptre , un

Non spero : forse nel tuo cor potranno
Più d'ammenda presente antichi orrori ?

MER. Deh dimmi, ó Polifontè, o come mai
Questo tuo amor sì tardi nacque ? e come
Desio di me mai non ti punse , all'ora
Che giovinezza mi fioria sù'l volto,
Ed or ti sprona sì, che gia inclinando
L'età, e lasciando i miglior giorni addietro ,
Oltre ad settimo lustro omai sen varca ?
    POL. Quel ch'ora s'bramo, ogn'or bramai ;
      mà il duro
Terror de la mia vita assai t'è noto.
Sai, che à pena fui Re, ch'esterne guerre
Infestar la Messenia ; e l'una estinta,
Altera s'accese, e senza aver riposo
Or quà accorrendo, or là , sudar fù forza
Un decennio frà l'armi. In pace poi
Gli estranei mi lasciar, ma all'or lo Stato
Cominciò à perturbar questa malnata
Plebe, e in cure sì gravi ogni altro mio
Desir si tacque. Or che à la fine in calma
Questo regno vegg'io, destarsi io sento
Tutti i dolci pensier : la mia futura
Vecchiezza io vo' munir co' figli, e voglio
Far pago il mio, sin quì soppresso, amore.

MER. Amore eh ? sempre chi in poter prevale,
D'avanzar gli altri anche in saper presume ;
E d'aggirare à senno suo le menti
Altrui si crede. Pensi tu sì stolta
Merope, che l'arcano, e'l fin nascosto
A pien non vegga? l'ultimo tumulto
Troppo ben ti scopri , che ancor sicuro

Epoux , & des fils , fi je ne me flatte pas d'une
esperance vaine. Eh quoi! tout ce que je fais
pour vous ne pourra-t-il appaiser la haine que
mes offenses passées ont allumée?

Mer. Mais qui t'inspire cette tardive tendresse ? pourquoi ces traits ne t'ont-ils point
frappés , lorsque la jeunesse leur prêtoit ses
charmes ? D'où peut venir cet ardeur que tu
me témoigne aujourd'hui , lorsque mes plus
beaux jours sont écoulés, que mon âge s'avance , & que j'ai passé mon septieme lustre ?

Pol. Madame , j'ai toujours senti ce que je
sens aujourd'hui ; mais vous connoissez les pé-
nibles travaux qui ont sans cesse occupé la suite
de ma vie. Vous sçavez que je fus à peine sur le
Trône, que les Etrangers attaquerent Messene;
& que les guerres se succedant l'une à l'autre,
j'ai passé dix ans entiers dans les allarmes , me-
nant une vie errante & agitée : les guerres é-
trangeres terminées, le repos que j'avois procu-
ré à l'Etat fut bientôt troublé par la révolte
d'un peuple séditieux. Des soins plus importans
imposerent silence à mon amour ; mais aujour-
d'hui que ce Royaume joüit par mes soins d'un
calme profond , je sens ma passion se réveiller
avec de nouvelles forces ; je veux assurer le repos de ma vieillesse par les fruits de cet Hymen:
je veux enfin satisfaire les desirs d'un amour
retenu dans le silence jusques à ce jour.

Mer. De l'amour pour moi ? ah Tyran , le
rang qui t'éleve au dessus des autres hommes,
te persuade que tu les surpasse en habileté comme en pouvoir , & que tu peux tourner leurs
esprits à ton gré. Mais crois-tu Merope assez
insensée pour ne pas penetrer le motif secret
qui t'inspire? La derniere révolte t'a trop instruit

Nel non tuo trono tu non sei : scorgesti
Quanto viva pur' anco , e quanto cara
Del buon Cresfonte è la memoria. I pochi ,
Mà accorti amici tuoi sperar ti fanno ,
Che se t'accoppi à me , se regnar teco
Mi fai , scemando l'odio , in pace al fine
Soffriranno i Messeni il giogo. Questo
E l'amor , c' e per me t'infiamma , questo
E quel dolce penser , che in te si desta.

POL. Donna non vidi mai di te più pronta
A torcer tutto in mala parte. Io fermo
Son nel mio soglio sì , che nulla curo
D'altrui favor' , e di chi freme in vano
Mi rido , e ogn'or mi ridero. Mà siasi
Tutto ciò , che tu sogni , egli è pur certo ,
Che il tuo ben ci è congiunto : or se far'uso
Del tuo senno tu vuoi , la sorte afferra ,
Ne darti altro penser : molto à te giova
Prontamente abbracciar l'effetto , e nulla
L'indagar la cagion. MER. Si , se avess'io
Il cor di Polifonte , e s'io volessi
Ad un' idol di regno , à un'aura vana
Sagrificar la fè , svenar gli affetti ;
E se potessi , anche volendo , il giusto
Insuperabil'odio estinguer mai.

POL. Or si tronchi il garrir. Al sì o Signore
Ripulsa non si da : per queste nozze
Disponti pure , e ad ubbidir t'appresta.
Che à te piaccia , ò non piaccia , io così voglio.
Adrasto ! e come qui ? t'accosta. MER. Ismene ,
Non mi lasciar più sola.

que tu n'étois pas encore affermi fur ton Trône, elle t'a fait connoitre que le fouvenir de
Cresfonte n'eſt pas encore effacé dans tous les
cœurs, que fon nom eſt encore cher aux peuples : le petit nombre de tes habiles amis te fait
efperer, qu'en m'époufant, qu'en m'affociant
à ton Trône, tu feras ceſſer la haine publique,
& que tu engageras les Meſſeniens à fouffrir
patiemment ton joug : voilà quel eſt l'amour
dont tu brûle pour moi, voilà le projet qui fla-
te tes defirs.

Pol. Non je ne vis jamais d'efprit plus prompt
que le vôtre à tout empoifonner. Mon Trône
eſt ſi ferme, que je n'ai pas befoin d'un fecours
étranger, je me ris des vains murmures d'une
populace impuiffante que je mépriferai toûjours; mais quand ces chimeres qui vous abu-
fent feroient réelles, votre bonheur dépendroit
toûjours d'accepter l'offre que je vous fais. Si
vous êtes fage, recevez la fortune qui fe prefente à vous fans porter vos penſées ſi loin,
joüiffez du fort heureux qui vous eſt offert;
que vous importe de rechercher la caufe qui
vous le procure?

Mer. Oüi je l'accepterois, ſi j'avois un cœur
comme le tien, ſi j'étois capable de facrifier
ma foi & ma tendreffe à une idole de Royauté,
à une vaine ombre de grandeur, ſi mon cœur
devenoit capable d'éteindre la juſte haine dont
il eſt rempli.

Pol. Finiſſons cet entretien, fongez que l'on
ne refufe pas impunément fon maître; difpofez-
vous pour cet Himen, & préparez-vous à
m'obéir; je le veux, je l'ordonne, il m'importe fort peu que votre cœur y confente. Adrafte
qui t'amene en ces lieux? Approche.

Mer. Ifmene, ne m'abandonne plus.]

SCENA II.

ADRASTO, ISMENE, Detti.

ADR. IN questo punto,
    Signore, i' giungo.
ISM. Io non ardia appressormi,
Vedendo il ragionar : mà , mia Reina ,
Perchè ti veggio sì turbata ? MER. Il tutto
Saprai frà poco. POL. E che ci rechi Adrasto ?

ADR. Un' omicida entro Messene io trassi ,
Perche col suo supplicio ogni men fausto
Augurio purghi, e gir non possa altrove
Col vanto de l'aver rotte , e schernite
Le nostre leggi.
    POL. E chi è costui ? ADR. Di questa
Terra ei non è , ma passagger mi sembra.
    POL, E l'ucciso ? ADR. No'l sò , perchè il suo
      corpo
Gettato fù dentro il Pamiso , ch'ora
Gonfio , e spumante corre ; nè presente
Al fatto i' fui , mà il reo no'l niega. Al loco ,
Dove tutt'ora , ó Rè , tu con le squadre
De i Cavalier di soggiornar m'imponi ,
Recato fù , che al ponte , indi non lunge
Rubato s'era pur' all'ora , e ucciso
Un' uomo , e che il ladron la via avea presa ,
Ch'è lungo il fiume. Io , ch'era à sorte in sella
Spronai con pochi , e lo raggiusi. Alcune
Spoglie , ch'ei non negò d'aver rapite ,
Fede mi fer ch'al sangue altro che vile
Avidità no'l trasse , al rimanente
Non credi ciò , s'al suo sembiante credi.

SCENE

SCENE II.

Adraste, **Ismene** & les Acteurs de
la Scene précédente.

Adr. SEigneur, j'arrive en ce moment même.

Ism. Je n'ofois m'approcher vous voyant
avec Polifonte ; mais Madame, qui peut cau-
fer le trouble où je vous vois ?

Mer. Tu fçauras tout.

Pol. Que viens-tu m'apprendre, Adrafte ?

Adr. Je viens de conduire un Meurtrier dans
Meffene, afin qu'il appaife les Dieux par fon
fupplice, & qu'il ne puiffe aller ailleurs fe van-
ter d'avoir violé nos Loix impunément.

Pol. Ce Meurtrier, quel eft-il ?

Adr. Il n'eft pas de ce pays, je le crois
étranger.

Pol. Et le mort ?

Adr. On l'ignore, parce que fon corps a été
jetté dans le Pamife, dont les eaux débordées
inondent les campagnes. Je n'étois pas prefent
lors du meurtre; mais le coupable a tout avoué.
J'étois avec vos troupes au lieu où votre ordre
me retient, lorfque l'on vint m'avertir que vers
le pont voifin, un homme avoit été volé & tué,
& que le voleur fe fauvoit par le chemin qui eft
le long du fleuve : j'étois à cheval, je le fuivis
à la tête de quelques Cavaliers, & le joignis
bientôt ; quelques dépouilles du mort dont il
s'étoit emparé, ainfi qu'il fut contraint de l'a-
voüer, me perfuaderent que le lâche defir d'un
honteux butin l'avoit feul porté à commettre le
crime. Cependant fi l'on en jugeoit par fon air,

Giovani d'alti senfi in baſſo ſtato,
Ed in veſti plebee di nobil volto.

POL. Fà, ch'io'l vegga. MER. Coſtui forſe delitto
Lo ſparger ſangue non credea, ove regna
Un carnefice. ISM. Al certo s'ogni morte,
S'ogni rapina Polifonte aveſſe
Col ſupplicio pagata, in queſta terra
Foran venute meno e pietre, e ſcuri.

SCENA III.

ADRASTO con EGISTO, e Detti.

ADR. Eccoti il reo. MER. Mira gentile aſpetto,

POL. in coſì verde età ſi ſcelerato!
Chi ſe tu? donde vieni? e dove i paſſi
Penſavi indirizzar? EGI. Di padre ſervo
Povero i' ſono, e oſcuro figlio: i' vengo
D'Elide, e verſo Sparta il piè movea.

ISM. Che hai Regina? oimè quali improviſo
Lagrime ti vegg'io ſgorgar da gli occhi?

MER. O Iſmene, ne l'aprir la bocca à i detti,
Fece coſtui col labro un cotal'atto,
Che'l mio conſorte ritornommi à mente,
E mel ritraſſe ſì, com'i'l vedeſſi.

POL. Or ti penſavi tu forſe, che in queſto
Suolo foſſe à' ſicari, ed à' ladroni
A poſta lor d'infuriar permeſſo?
O ti penſavi, che poter ſupremo
Or qui non fuſſe, e ch'io regnaſſi in vano?

on le croiroit innocent. Il montre dans une condition baſſe, des ſentimens relevez, & un maintien noble ſous un habit ruſtique.

Pol. Fais le moi voir?

Mer. Pouvoit-il croire que ce fut un crime
de répandre le ſang dans un pays où regne un
Meurtrier!

I m. Ah! ſi Polifonte avoit voulu punir par
le dernier ſupplice tous les meurtres & tous les
vols, les haches & les bourreaux ne pourroient
y ſuffire.

SCENE III.

Egiste, & les Acteurs de la Scene
précedente.

Adr. SEigneur, voici le Meurtrier.
Mer. S Que ſon aſpect eſt aimable!

Pol. Dans un âge ſi tendre, coupable d'un
tel crime! Dis, qui es-tu? d'où viens-tu? &
où penſois-tu conduire tes pas?

Eg. Fils obſcur d'un malheureux Eſclave,
je viens d'Elide, & j'allois vers Sparte.

Ism. Eh! qu'avez-vous, Madame? quel ſu-
jet peut cauſer les pleurs qui coulent de vos
yeux.

Mer. Ma chere Iſmene, il vient de faire en
parlant un mouvement de la bouche qui m'a
rappellé le ſouvenir de mon Epoux, & qui l'a
peint à mes yeux comme s'il eut été preſent.

Pol. Tu croiois peut-être que les brigands
& les aſſaſſins trouvoient un azile dans mes
Etats: croyois-tu qu'il n'y eut point de Roi en
ces lieux, ou que je ne fuſſe revêtu que d'un
vain titre?

EGI. Nè ciò pensai, nè a far ciò ch'io pur feci,
Empia sete mi spinse, ò voglia avara.
Anzi à chi me spogliare, e uccider volle,
Per mia pura difesa a tor la vita
I' fui costretto. In testimon ne chiamo
Quel Giove, che in Olimpia, hà pochi giorni,
Venerai nel gran Tempio. Il mio cammino
Cheto, e soletto i' proseguia; all'or quando
Per quella via, che in ver Laconia guida,
Un' uom vidi venir, d'età conforme,
Mà di selvaggio, e truce aspetto: in mano
Nodosa clava avea. Fissò in me gli occhi
Torvi, poi riguardo se quinci, ò quindi
Gente apparia: poichè appressati fummo,
Appunto al varco del marmoreo ponte,
Ecco un braccio m'afferra, e le mie vesti,
Bieco minaccia, io con paura fronte
E quanto hò meco altero chiede, e morte
Sprigiono il braccio a forza, egli a due mani
La clava alzando, mi prepara un colpo
Che se giunto m'avesse, le mie sparse
Cervella foran' or giocondo pasto
A i rapaci avoltoi: ma ratto all'ora
Sottentrando il prevenni, ed à traverso
Lo strinsi, e l'incalzai: così abbracciati
Ci dibattemmo alquanto, indi in un facio
N'andammo a terra; ed arte fosse, ò sorte,
Io restai sopra, ed ei percosse in guisa,
Sovra una pietra il capo, che il suo volto
Impallidì ad un tratto, e le giunture
Disciolte, immobil giacque. Allor mi corse
Tosto al pensier, che se la via restando
Quel funesto spettacolo, inseguito
D'ogni parte i' farei frà poco: in core
Pero mi venne di lanciar nel fiume
Il morto, ò semivivo; e con fatica

ÉGI. Non , Seigneur , je n'avois point ces
penſées , & ce n'eſt ni la ſoif impie de répandre
le ſang , ni un avare deſir qui m'a porté à commettre cette action ; je me ſuis vû contraint
pour ma propre défenſe d'ôter la vie à celui qui
vouloit me la ravir & me dépouiller. Oui j'en
appelle à témoin ce même Jupiter que j'ai
adoré depuis peu de jours dans ſon Temple
reſpectable d'Olympie. Je marchois ſeul & tranquille , lorſque ſur le chemin qui mene à La-
cedemone , je vis venir vers moi un homme à
peu près de mon âge , mais d'un regard feroce
& ſauvage , il tenoit à la main une maſſue pleine de nœuds, il arrêta ſur moi ſes yeux hagards;
puis regardant s'il n'étoit point obſervé lorſque
nous fûmes près de paſſer le pont de Marbre , il
m'arrête par les bras , & me demande fierement
mes habits & ce que je portois avec moi , me-
naçant avec fureur de m'ôter le jour ; moi ſans
m'effrayer , je dégageai malgré lui le bras qu'il
me retenoit : auſſi-tôt élevant ſa maſſue avec
ſes deux mains , il m'en préparoit un coup qui
m'eût étendu ſans vie pour ſervir de pâture aux
Vautours , mais je ſçus l'éviter , & me lançant
ſous ſes bras , je le ſaiſis par le corps , & j'enga-
geai mon pied entre les ſiens , nous lutâmes
quelque temps embraſſez l'un & l'autre,& après
quelques efforts, nous tombâmes ; ſoit hazard,
ſoit adreſſe , je le renverſai ſous moi , il frappa
la tête contre un caillou , ſon viſage pâlit tout
d'un coup , & ſes forces l'abandonnant , il reſta
bien-tôt ſans mouvement & ſans vie. Je crai-
gnis que laiſſant ſon corps ſur le chemin, ce ſpe-
ctacle ne me fît ſuivre : ainſi je pris le parti de
le jetter dans le fleuve , ſoit qu'il fut mort , ſoit
qu'il reſpirât encore : je le levai donc de terre

(Ch'inutil' era per riuscire, e vana):
L'alzai da terra, e in terra rimaneva
Una pozza di sangue : à mezzo il ponte
Portailo in fretta, di vermiglia striscia
Sempre rigando il suol ; quinci cadere
Col capo in giù il lasciai : piombò , fendendo
L'acqua con gran fragor' , in alto salse
Lo spruzzo , e l'onda sovra lui si chiuse.
Nè'l vidi più , che'l rapido torrente
L'avra travolto , e ne' suoi gorghi spinto.
Giacean nel suol la clava , e negra pelle ,
Che nel pugnar gli si sfibbiò dal petto :
Queste io colsi , non già come rapine ,
Ma per vano piacer quasi trofei.
E chi creder potria , che spoglie tali ,
O di nissuno , ò di sì poco prezzo ,
M'avesser spinto à ricercar periglio ,
Ed à dar morte altrui ? ADR. Onesta è sempre
La causa di colui , che parla solo.
POL. Ma in van per non aver chi parli incontra ,
Il tutto à suo favor dipinge , e adorna ;
Ch'io qual custode delle leggi offese
L'avversario sarò. MER. Non correr tosto
Polifonte al rigor : che non sospendi ,
Finchè si cerchi alcun riscontro ? io veggio
Di verità non pochi indizi , e parmi ,
Ch'egli merti pietà. POL. Nulla si neghi
In questo giorno à te : mà le tue stanze
Tornar ti piaccia omai . che al tuo decoro
Non ben conviensi il far più qui dimora.

ISM. Non un'era già mai , non un momento
Abbandona il sospetto i Rè malvagj.

POL. Tua cura , Adrasto . sia , ch'egli frà tante

avec une peine qui me devoit être bien inutile,
je le portai sur le Pont, laissant sur le chemin
& sur le lieu du combat les traces du sang qu'il
versoit à grands flots, je le précipitai dans le
fleuve ; le poids de son corps fendit les eaux
avec un grand bruit, elles rejaillirent de tous
côtez, & se refermant sur lui, elles le cacherent
bien-tôt à mes yeux, & l'auront entrainé dans
quelque abîme. Je retrouvai sa massue avec la
peau dont il étoit couvert, qui s'étoit détachée
pendant notre combat, cedant à un mouvement de vanité, je les ramassai comme des
marques de ma victoire ; car qui croira que
pour de si méprisables dépouilles, j'eusse ha-
zardé mes jours dans un pareil combat, & que
j'eusse voulu me rendre coupable d'un meurtre.

A or. La cause de celui qui parle seul, ne
peut jamais être mauvaise.

Por. C'est en vain que se trouvant sans ac-
cusateur, il cherche à déguiser son action par
de fausses couleurs ; vangeur des Loix outragées, je lui tiendrai lieu de partie.

Mer. Seigneur, ne prenez pas d'abord les
sentimens de la rigueur, suspendez la severité
des Loix, attendez un plus grand éclaircisse-
ment. Je vois dans son discours des marques
de verité, qui me font croire qu'il n'est pas
indigne de votre pieté.

Pol. Madame, je ne vous dois rien refuser
en ce jour ; mais retournez, je vous prie, à votre Appartement, un plus long séjour en ce
lieu offenseroit votre dignité.

I m. Jamais un Tyran ne passa un jour, pas
même un seul instant, sans être troublé par des
soupçons.

Pol. Ayez soin cependant, Adraste, que

Non ci s'involi. M**a**r. *Adrasto, usa pietade*
Con quel meschin, benchè povero, e servo,
Egli è pur' uomo al fine, e assai per tempo
Ei comincia a provare i guai di questa
Misera vita. In tal povero stato
Oimè ch'anche il mio figlio occulto vive;
E credi pure Ismene, che se il guardo
Giugner potesse in sì lontana parte,
Tale apunto il vedrei; che le sue vesti
Da quelle di costui poco saranno
Dissomiglianti. Piaccia almeno al Cielo,
Ch'anch'ei sì ben complesso, e di sue membra
Sì ben disposto divenuto sia.

SCENA IV.

Egisto, Adrasto.

E**g**i. D*immi ti priego, chi è colei?* A**d**r. *Re-*
      gina
Fù già di questa terra, è sarà ancora
Frà poco. E**g**i. *I sommi Dei l'esaltin sempre,*
E della sua pietà quella mercede,
Che dar non le poss'io, rendanle ogn'ora.
Donna non vidi mai, che tanta in seno
Riverenza, ed affetti altrui mert'esse:
Mà tu, che presso al Rè puoi tanto, siegui
Così nobile esempio, e à mio favore
T'adopra Deh Signor, di me t'incresca,
Che nel fier dell'età, senza difesa
Senza delitto alcun, per fato avverso
In tal periglio son condotto. In questa
Sì famosa Città non far che à torto
Sparso il mio sangue sia; lungo tormento
A gl'innocenti genitori afflitti,
I quai la sola assenza mia son certo

de cet infortuné : quoiqu'Efclave, & quoique
pauvre, il eft homme comme vous, & il com-
mence de bonne heure à fentir les malheurs
de cette vie infortunée. *à part* «Helas! ce fils,«
que je cache à toute la terre, eft élevé dans «
la même condition & dans la même mifere. «
N'en doute point, Ifmene, fi mes regards pou-«
voient pénetrer jufqu'aux lieux éloignez qu'il«
habite, je le verrois femblable à celui-ci, & «
couvert des mêmes vêtemens. Plaife au Ciel „
que ce fils ait acquis la même force & la mê-«
me taille, qu'il foit enfin tel que je vois ce-«
lui-ci. »

SCENE IV.

Egiste, Adraste.

EGI. **D**Aignez m'apprendre, Seigneur, quelle eft cette Dame?

ADR. Elle fut autrefois Reine de ce pays,
& elle reprendra bien-tôt ce titre.

EGI. Que les juftes Dieux la favorifent fans
ceffe, & lui donnent la récompenfe d'un bien-
fait que je ne puis payer que par mes vœux.
Non jamais je n'ai vû de femme qui m'infpirât
tant de refpect & tant de tendreffe. Vous qui
pouvez tout auprès du Roi, imitez l'exemple
qu'elle vous a donné ; de grace employez-vous
pour moi. Eh Seigneur, que mon état vous
touche ; dans un âge fi jeune, fans crime, fans
défenfe, le feul couroux du fort m'a conduit
dans le péril où je fuis. Empêchez qu'au milieu de cette Ville fi fameufe on ne répande
mon fang injuftement ; helas, ma feule abfence
fait fondre en pleurs mes parens : de quelle dou-

Ch'or fà ftruggere in pianto. ADR. *In tuo van-*
        taggio
Io già da prima il tutto efpofi : e forfe
Non t'accorgefti ancor , quanto cortefe
Io fui ver te ? tu vedi pur , ch'io tacqui
Del ricco anello, che da te rapito
Io ti traffi di man : per qual cagione
Penfi , ch'io'l celi ? per vil brama forfe
Di reftar poffeffor di quella gemma ,
Nè darla al Re ? mal credi , fe ciò credi ,
Ch'à me non mancan gemme. Io per tuo fcampo ,
E non per altro il fò : poichè fe fcopro
Che sì gran preda hai fatta , il tuo delitto
Troppo fi fa palefe , anzi s'aggrava
Di molto, perchè appar , ch'uom d'alto grado
Fù l'ucciso da te. EG. Tu pur fe' fiffo
In voler , ch'involata io m'abbia quella
Scolpita pietra : mà t'attefto ancora ,
Che dal mio vecchio padre in dono io l'ebbi.
Credilo , e fappi , ch'io mentir non foglio.

   ADR. *Veggo più tofto , che mentir non fai.*
Non mi dicefti tu , che il padre tuo
In fortuna fervil fi giace ? EGI. Il diffi ,
E'l dico. ADR. Or dunque in tuo paefe i fervi
Han di cotefte gemme ? un bel paefe
Fia quefto tuo : nel noftro una tal gemma
Ad un dito regal non fconverrebbe.

   EGI. *A ciò non sò che , dir nè del fuo prezzo*
Più oltre i' sò : mà ben giurar poff'io ,
Che non hà ancor gran tempo , il giorno, in cui
Compia fuo giro il diciottefim' anno,
Chiamommi il padre mio dinanzi à l'ara
De' domeftici Dei ; e qui piangendo
Dirottamente , l'aureo cerchio in dito

leur feroient-ils accablez à la nouvelle du danger que je cours !

ADR. J'ai déja exposé ton avanture d'une
maniere favorable : peut-être n'as-tu pas ap-
perçû ce que j'ai fait pour toi. Tu fçais pourtant que je n'ai point parlé de cette riche Bague que tu avois volée, & que j'ai ôtée de tes
mains. Pourquoi crois-tu que j'ai caché cette
circonftance ? pour éviter de la rendre au Roi,
& pour en demeurer le maitre ; tu t'abufes, fi
tu le penfes : je ne manque pas de pierreries.
Je l'ai fait pour te fauver:fi l'on te voyoit char-
gé de ce riche butin, on connoitroit bien-tôt
toute la noirceur de ton crime ; la fortune élevée de celui que tu as tué, te rendroit encore
plus coupable.

EGI. Quoi, vous voulez donc croire que j'ai
volé cette pierre gravée ? je vous jure encore
que je la reçûs de mon pere. Croyez-moi, je
ne trahis jamais la verité.

ADR. Je vois bien plûtôt que tu ne fçais pas
feulement imaginer un menfonge : Ne m'as tu
pas dit que ton pere eft dans l'efclavage ?

EGI. Je vous l'ai dit, Seigneur, & je vous
le repete encore.

ADR. Eh bien, dans ton pays les Efclaves
portent-ils de pareilles pierres ? quel eft donc
ce riche pays ? dans le nôtre, elles orneroient
la main des Rois.

EGI. Je ne fçai que vous répondre, je n'en
connois point le prix ; mais je puis vous jurer
que le jour même que ma dix-huitieme année
fut accomplie, (& il y a peu de tems) mon
pere m'appella devant l'autel des Dieux domef-
tiques, & que là, les yeux baignez de pleurs,
il me mit cette Bague au doigt, & voulut que

Mi pose, e volle, ch'io gli deſſi fede
Di cuſtodirlo ogn'ora. Il ſommo Giove
Oda i miei detti, e ſe non ſon veraci,
Vibri ſue fiamme ultrici, e in queſto punto
M'incenerisca. ADR. Un'arme è il giuramento
Valida molto, e ch' adoprata à tempo.
Fà belliſſimi colpi: mà tu ancora
Non ſai, che meco non hà forza alcuna.
Or laſciam queſte fole: il punto è queſto,
Ch'io per tuo bene al Rè non farò motto
Di ciò, e che tu altreſì, s'eſſer vuoi ſalvo,
Altrui nol faccia mai.
    EGI. Tanto prometto;
E credi come vuomi, pur ch'e m'aiti.
Anzi pur che à ſalvezza in tanto riſchio,
Tu mi conduca, io di buon cor ti faccio
Di quella gemma un don.
    ADR. Leggiadro dono
Per certo è queſto tuo, quando mi doni
Quel ch'è già in mio potere, e ch'è già mio.
      Fine d'ell'Atto Primo.

ATTO SECONDO.

SCENA I.

EURISO, ISMENE.

ISM. NO, Euriſo, di veder Merope il tempo
    Queſto non è: benchè tu ſia quel ſolo,
Che d'ogni arcano ſuo fù ſempre à parte,
Laſciala ſola ancor, finchè piangendo
Si sfoghi alquanto: tu non ſai, qual nuova
Sciagura il cor le opprima. EUR. Io già pur'ora
Da ſerpeggiante ambigua voce hò inteſo;

je lui juraffe de la garder toûjours. Que le
puiffant Jupiter entende mes difcours, & s'ils
ne font pas finceres, qu'il lance fur moi fes feux
vengeurs, & qu'il me réduife en cendre dans
cet inftant.

ADR. Le ferment eft fouvent d'un grand fecours ; mais tu ne fçais pas encore , que cette
défenfe n'eft d'aucun effet avec moi. Laiffons
ces fables : je veux bien pour te rendre fervi-
ce n'en point parler au Roi, à condition que tu
garderas auffi le filence fur cet article ; finon
tu peux t'attendre à une mort certaine.

EG. Je vous le promets;croyez ce que vous
voudrez, pourvû que vous me fecouriez, &
que vous me fauviez du danger qui me menace , je vous en fais volontiers un don.

ADR. Ta liberalité eft grande ! tu me don-
nes ce qui eft en ma puiffance , ou plûtôt ce
qui eft déja à moi.

ACTE SECOND.

SCENE I.

EURISES, ISMENE.

ISM. NOn Eurifes, ce n'eft pas le temps de
voir la Reine ; quoique vous foyez
l'unique confident de tous fes fecrets , laiffez-
la feule encore pour quelques momens ; fouf-
frez que donnant un libre cours à fes larmes,
elle foulage la douleur qui la tranfporte. Helas,
vous ignorez le coup affreux qui vient de frapper fon cœur.

EUR. Un bruit qui fe répand de bouche en

Polifonte affrettar le minacciate
Nozze, e per accertarmi à lei correa.

Ism. *Questo à lei sembra atroce mal; mà questo*
	Quasi ch' or si disperde, e in sen le tace,
Ch' altro maggior l'alma le ingombra, e preme.

Eur. *Che avvenne mai? forse del figlio, ch'ella*
Bambino diede à Polidoro, il vecchio
Servo, perchè qual suo lungi il nodrisse,
Novella infausta è giunta? Ism. *Ah tu'l pensasti,*
Euriso; tu ben sai, ch'altro conforto
Non avea l'infelice in tanti mali,
Che'l mandar' in Laconia il fido Arbante
Ogni sei Lune occulto. Al suo ritorno,
Di cui l'ore contava, ed i momenti,
Quasi uscia di se stessa, e cento cose
Volea à un fiato saper; da la sua bocca
Quinci pendea per lungo tempo, il volto
Cangiando spesso, e palpitando tutta:
Poi tornava, e volea cento minute
Notizie ancora, e no'l lasciava in pace,
Finchè gli atti, il parlar, le membra, i panni
Dipinti non aveva à parte à parte
Il buon messo, e tal'or la cosa stessa
Dieci volte chiedea. Eur. *Non ti dar pena*
Di ciò ridire à me, ch'io la conosco
Troppo bene, e talvolta à me da poi
Tutto narrava, e s'un bel detto avea
Da raccontarmi del suo figlio, ô Dio,
Le scintillavan d'allegrezza gli occhi
Nel riferirlo. Or dimmi pur qual nuova

bouche, vient de m'apprendre d'une maniere
confufe que Polifonte preffe la conclufion de
cet odieux Hymen dont il la menace depuis fi
long-temps, & j'accourois pour m'en éclaircir
avec elle.

IsM. Ces fatales nôces font toûjours pour
elle le fupplice le plus affreux; mais un malheur
encore plus terrible l'occupe toute entiere , &
fon ame en proye à cette nouvelle douleur, eft
devenue prefque infenfible à fes premiers chagrins.

Eor. Que lui eft-il arrivé? lui auroit-on
apporté quelque nouvelle fâcheufe de ce fils ,
qu'elle remit fi jeune entre les mains du vieil
Efclave Polydore , pour le nourrir loin d'ici
fous le nom de fon fils?

IsM. Oüi , vous l'avez découvert , Eurifes ;
vous fçavez que cette Reine infortunée n'avoit
d'autre foulagement dans les malheurs qui l'accablent , que d'envoyer tous les fix mois le fidel
Arbante en fecret dans la Laconie. Vous fçavez
avec quelle impatience elle attendoit fon retour, comptant les heures & les momens. Sa
prefence la mettoit prefque hors d elle-même;
elle l'interrogeoit à la fois fur cent chofes differentes : enfuite devenue immobile & attachée
toute entiere à fon difcours , les frequens chan-
gemens de fon vifage , fa refpiration interrom-
pue peignoient tous les mouvemens de fon
ame. Non contente d'un premier recit, elle vouloit être inftruite de mille petits détails , & ne le
quittoit point qu'il ne lui eût décrit jufqu'à fes
geftes, fes difcours, fon air, fes habits. Souvent
même un feul recit ne pouvoit la fatisfaire , &
il étoit contraint de lui redire plufieurs fois les
mêmes chofes.

Abbiasi di Cresfonte? Is m. *E giunto Arbante;*
Che tardo questa volta oltra'l costume,
E porta, che Cresfonte appresto il mesto
Vecchio più non si trova, e ch' ei tutt'ora
Ne cerca in van, nè sà di lui novella.

Eur. *O speme trunca, ô regno afflitto, ô estinto*
Sangue de' nostri Rè! Is m. *Mà tu mi sembri*
Altra Merope appunto, che di lancio
Ne gli estremi ti getti: io non ti dico,
Che la sua morte ei rechi. Eur. *Sì, mà credi*
Tu, che à caso, ò da se sarà svanito?
L'avrà scoperto Polifonte al fine,
Gli avrà teso l'aguato, e l'avrà colto.

Is m. *Nulla di questo: afferma Polidoro;*
Ch'era preso il garzon da viva brama
D'andar vagando per la Grecia, e alcune
Città veder, che del lor nome han stanca
La fama: egli or co' prieghi, ed or con l'uso
Di paterno poter per alcun tempo
Il raffrenò; mà al fin l'ardente spirto
Vinto dal suo desio parti di furto,
E'l vecchio, dopo averlo attesa in vano,
Era già in punto per seguirlo, e girne
Ei stesso in traccia, investigando l'orme.

Eur. Ismene difpenfez-vous de me faire ce
détail, je connois la tendreffe de cette mere.
Souvent elle me redifoit ces mêmes chofes
qu'elle venoit d'apprendre; & lorfqu'elle avoit
quelque mot de fon fils à me repeter, fes yeux
étoient tous étincelans de joie. Mais dites-moi
quelle nouvelle a-t-on reçû de Cresfonte ?

Ism. Arbante eft enfin de retour. Après a-
voir tardé plus long-temps que de coûtume, il
vient d'annoncer à la Reine que fon fils ne fe
trouve plus auprès de Polydore ; que ce vieillard affligé l'a fait chercher de tous côtez fans
aucun fruit, & qu'il n'en a point de nouvelles.

Eur. Efperances détruites ! Royaume infortuné ! le fang de nos Rois eft donc éteint ?

Ism. Eh quoi, vous faites voir auffi peu de
fermeté que la Reine ; comme elle, votre efprit
envifage tout d'un coup les plus fâcheufes ex-
trémitez. Vous ai-je dit que l'on eût des nouvelles de fa mort ?

Eur. Non, mais croiez-vous que le hazard
l'aura fait difparoître ; qu'il aura quitté le pays
de lui-même ? Ah ! fans doute, Polifonte aura
découvert enfin fa retraite, & ce jeune homme
n'aura pû fe défendre des pieges du Tyran.

Ism. Point du tout. Polydore affûre que ce
jeune homme montroit une paffion très-forte
de voyager dans la Grece, & de vifiter quel-
ques-unes de ces Villes fameufes dont la renommée porte la gloire en tous lieux ; il ajoûte
qu'il l'avoit retenu pendant quelque temps par
fes prieres, & par l'autorité paternelle que l'é-
ducation lui avoit donné fur lui ; mais qu'enfin
cet efprit bouillant emporté par fa curiofité,
s'étoit dé robé d'auprès de lui. Le vieillard,
après avoir attendu en vain, étoit prêt à partir

Eur. *O questo è un male assai minore, e forse*
Nè pure è mal; che à qual periglio esponsi
Col suo peregrinar, se, non che altrui,
Ma nè pure à se stesso ei non è noto?
A ciò pensando, avrà conforto in breve
La madre afflitta. Ism. *O sì, ti sò dir' io,*
Ch' or ben t'apponi: tutti i rischi, tutti
I disagi, che mai ponno dar mia
A chi va errando, s'odi lei, già tutti
Stanno intorno al suo figlio. Il Sole ardente,
Le fredde piogge, le montagne alpestri
Và rammentando; nè funesto caso
Avvenne in viaggio mai, che alla sua mente
Non si presenti: or nel passar d'un fiume
Dal corso vinto, ed or le par vederlo
Frà mezzo a' malandrin ferito, e oppresso:
Mà ricorda anche i sogni, e d'ogni cosa
Fà materia di pianto: in somma, Luriso,
S'io debbo dirti il vero, alcuna volta
Parmi, che il senno suo vacilli. Eur. *Osi*
Tutto vuol condanarsi à un cor di madre.
Quello è l'affetto, in cui del suo infinito
Divin poter pompa suol far natura.
Quado tu'l proverai, vedrai s'io mente.

　　　　　　　·

Ism. *Per me non proveròlo al certo; c'I'io*
Imparo tutto di quanta follia
E'l girsi à procacciar sì gran dolore.

pour le suivre, & pour en faire une recherche exacte en marchant sur ses traces.

Eur. Cet évenement est peu fâcheux ; peut-être même ne l'est-il point du tout : car à quel danger l'expose son voyage ? Inconnu à tout le monde, ignorant lui-même sa véritable condition, quel risque peut-il courir ? Cette pensée doit bientôt consoler sa mere affligée.

Ism. Ah que vous vous trompez ! que vous la connoissez mal, Eurises ! tous les perils, tous les dangers, toutes les fatigues que peuvent craindre les voyageurs, accablent déja son fils, s'il faut en croire les terreurs de cette mere. Les ardeurs d'un soleil brûlant, les pluyes glacées, les précipices affreux se presentent sans cesse à son esprit. Enfin les plus funestes accidens, qu'ayent jamais éprouvé les Voyageurs, occupent toûjours sa pensée ; tantôt elle le voit englouti dans les rapides eaux d'un Fleuve qu'il traverse à la nage, tantôt entouré de brigands qui l'égorgent, elle rappelle jusqu'à ses songes,& se fait des sujets de larmes de toutes choses. Enfin, Eurises, si j'ose le dire, il est des instans où ses transports me font craindre que les Dieux ne lui ayent ôté la raison.

Eur. Aimable Ismene, tout se doit pardonner au cœur d'une mere ; ce sont les effets de cet ardent amour que la nature inspire, & dans lequel elle montre l'empire absolu qu'elle exerce sur nous. Vous l'éprouverez un jour,& vous vous convaincrez de ce que je vous dis.

Ism. Ah, que les Dieux m'en préservent ! tout ce que je vois m'apprend trop quelle folie c'est de s'exposer soi-même à de si cruelles peines.

EUR. *Questo è un dolor, che con piacer s'acquista.*

ISM. *Credimi pur, che in tal pensier son fissa.*

EUR. *Mà bramata, e richiesta il pensi in vano,*
Che'l tuo sembiante al tuo pensier fa guerra.

ISM. *Ecco Merope.*

SCENA II,

MEROPE, Detti.

MER. *O Euriso! nel vederti*
Ripiglia il lagrimar l'usata via.
EUR. *Pur' or l'avviso udii.*

MER. *Questo è ben' altro,*
Che gir pensando, or che al vigor degli anni
Era giunto Cresfonte, al miglior modo
Di palesarlo omai: questo è ben altro,
Che figurarsi di vederlo or' ora
De la plebe al favor portar feroce
Sù'l tiranno crudel la sua vendetta.

EUR. *Mà perdona, ó Reina, e chi distrasse*
Queste dolci speranze? e che rileva,
Se lodevol desio guida alcun tempo
Per le Greche provincie il giovinetto
Di sapere, e di senno à far tesoro?
Tu omai nel pianto la ragion sommergi.
MER. *Ah tu non sai da qual timor sia vinta.*

EUR. *Dillo Reina.* MER. *Già due giorni al ponte*
Che le due strade unisce, un' uom fù ucciso.

EUR. Ce font des peines qui s'achetent par
de grands plaifirs.

ISM. Non, croyez-moi, mon parti eft pris,
je n'en changerai point.

EUR. En vain vous croyez pouvoir l'executer, vos amans ne le fouffriront pas, vos at-
traits s'oppofent à ce deffein.

ISM. Voilà la Reine.

SCENE II.

MEROPE, EURISES, ISMENE.

MER. HElas, Eurifes, que ta vûe renouvelle
mes larmes !

EUR. Madame, je viens d'apprendre la nouvelle qui vous les fait verfer.

MER. Eh bien, que font devenus ces projets
que je formois pour faire reconnoitre mon fils
Cresfonte, maintenant qu'il étoit parvenu dans
un âge plus vigoureux ? Quelle cruelle image !
qu'elle eft differente de celle qui me le repre-
fentoit foûtenu de la faveur du peuple, & ven-
geant les malheurs de fa maifon fur le barbare
qui les a caufez !

EUR. Pardonnez-moi, Madame ; mais qui
détruit ces douces efperances ? Pourquoi vous
affliger, fi une noble curiofité arrête quelque-
temps dans la Grece un jeune Prince avide de
s'inftruire ? Eh Madame ! pourquoi voulez-
vous noyer votre raifon dans vos larmes ?

MER. Ah, tu ne fçais pas la crainte qui
m'accable !

EUR. Et quelle eft-elle, Madame ?

MER. Depuis deux jours, un homme a été
tué auprès du Pont qui joint les deux chemins,

Eur. *Il sò, che Adrasto l'omicida hà coltò.*

Mer. *Or quell'ucciso io teme (e piaccia al Cielo,*
Che'l mio timor sia vano) io temo, Euriso,
Non sia stato Cresfonte. Eur. *O eterni Numi,*
Dove mai non vai tu cercando ogn'ora
I motivi d'affanno ! Mer. *Troppo forti*
Son questa volta miei motivi. Ascolta,
Qui de Messeni alcun non manca, ond' era
Quell'infelice un passegger : confessa
Il reo, ch' era d'eta à la sua conforme,
Ch'era povero, e solo, e che veniva
Di Laconia : non vedi, come tutto
Confronta ? appresso egli stringea una clava :
Forse il vecchio scoperta al fin gli avea
L'Erculea schiatta, ond'ei de l'arme avita
Giovanilmente facea pompa, e certo
Quà sen veniva per tentar sua sorte.
Eur. *Piccioli indizi per sì gran sospetto.*

Mer. *Io penso ancor, ch'Adrasto, del tiranno*
L'intimo amico, il reo condusse. Or dimmi,
Perche venne egli stesso ? egli senz'altro
Potea mandarlo ; e perche mai nel fiume
Far che il corpo si occulti, e si disperda,
Nè alcuno il vegga? Eur. *Deh quanto ingegnosa*
Tu sei nel tormentarti ! Mer. *Ah ch'io ne' miei*
Divisamenti errar non soglio mai.
E notasti tu, Ismene, qual cura ebbe
Polifonte in partir, ch'io rimanendo
Col reo non ragionassi ? e ti sovviene,
Quanto pronto, e giulivo ei mi concesse
Ciò ch'io richiesi in suo favore ? Ism. *In fatti*
Molto cortese fù, molto clemente

Eur. Je le fçai ; Adraſte a conduit le Meurtrier dans ce lieu.

Mer. Je crains, & plaiſe aux Dieux que ce
ſoit une crainte vaine, je crains que cet infortuné qui a perdu le jour ne ſoit mon cher Creſfonte.

Eur. Dieux tout-puiſſans ! Eh Madame, où
allez-vous chercher des ſujets de vous aſſiger?

Mer. Helas . ils ne ſont que trop bien fon-
dez : écoute ; aucun Meſſenien n'a diſparu,
ainſi cet infortuné étoit ſans doute un Voya-
geur : le Meurtrier avoue qu'il étoit de ſon âge,
qu'il paroiſſoit pauvre, qu'il étoit ſeul, qu'il
venoit de Laconie. Tu vois comme tout ſe rap-
porte : il avoit une maſſue à la main, peut-
étre que le vieil Polidore lui avoit révelé le
ſecret de ſon origine, & que faiſant imprudem-
ment parade des armes d'Hercule ſon ayeul, il
venoit en ces lieux pour tenter ce que le ſort
vouloit faire en ſa faveur.

Eur. Ces preuves ſont trop foibles pour
vous perſuader un évenement ſi important.

Mer. Mais je me ſouviens qu'Adraſte lui-
même, le fidel ami du Tyran, a conduit le
Meurtrier en ces lieux. Pourquoi venir ? ne
pouvoit-il pas l'envoyer ? pourquoi cacher le
corps dans le fleuve ? eſt-ce afin qu'on ne puiſ-
ſe le voir?

Eur. Eh Madame, que vous êtes ingénieuſe
à vous tourmenter ?

Mer. Ah je ne puis me tromper dans mes
ſoupçons. Mais, Iſmene, as-tu remarqué avec
quelle attention Polifonte en partant m'a em-
pêché de parler au Meurtrier ? Te ſouviens-
tu avec quelle promptitude, avec quelle joie,
il m'a accordé ce que je lui demandois pour
ce malheureux ?

Egli all'or si mostrò, non può negarsi
Che diverso è pur troppo il suo costume.

EUR. *Mà gioverebbe in questo caso à lui*
Più'l divulgar, che l'occultare il fatto,
Per troncare à chi l'odia ogni speranza.
MER. *Non già, che troppo il popol questa nuova*
Etrocita commoverebbe a sdegno.

EUR. *Ma come vuoi, ch'egli abbia or di re-*
pente
Scoperto il figlio tuo? MER. *Chi deh tiranni*
Può penetrar le occulte vie? fors' anco
Sol per spogliarlo il rio ladron l'uccise,
E dipoi s'è scoperto. EUR. *Or' io di questo*
Labirinto, che tu à te stessa ordisci,
Spero di trarti in breve. Antica e ferma
Amistà con Adrasto io tengo : lascia,
Che seco i' parli, e ti prometto trarne
Quanto basti à chiarirci. MER. *Ottimo in vero*
E tal consiglio ; fallo dunque, Euriso,
Mà fallo tosto, non frappor dimora.

EUR. *Non dubitar ; mà intanto ne' tuoi danni*
Non congiurar tu ancor con la tua sorte,
E non crearti con la mente i mali.

MER. *O caro Euriso, i' veggio ben, che questo*
Nulla è più, che un sospetto ; mà se ancora
Fosse falso sospetto, or ti par' egli,
Che il sol peregrinar del mio Cresfonte
Mi dià cagion di dover' esser lieta?
Rozzo garzon, solo, inesperto, ignaro
De le vie, de' costumi, i de i perigli,
Ch'appoggio alcun non hà, povero, e privo

Ism. En effet , il s'est montré bien humain
& bien complaisant ; de tels sentimens ne lui
font gueres ordinaires.

Eur. Mais son interêt devoit le porter à
publier la chose plûtôt qu'à la cacher , pour
ôter toute esperance aux mécontens.

Mer. Il n'en est pas encore temps ; il craint
que cette nouvelle n'irrite la fureur du peuple
contre sa barbarie.

Eur. Mais comment voulez-vous qu'il ait
si-tôt découvert votre fils ?

Mer. Qui peut connoître l'adresse d'un Tyran ? peut-être le brigand l'attaquant pour le
dépouiller , il aura été reconnu ensuite.

Eur. Madame , j'espere vous tirer bien-tôt
de la cruelle inquietude où vous vous plongez
vous-même. Adraste est mon ami depuis long-
temps ; laissez-moi lui parler , & je vous promets de tirer de lui assez de lumiere pour dif-
siper vos soupçons.

Mer. Cet avis est bon , Eurises , execute-
le donc promptement , va , ne t'arrete point ,
je t'en conjure.

Eur. Je cours vous servir , Madame ; mais
au nom des Dieux , cessez de conspirer avec
le sort pour troubler votre repos ; cessez d'employer votre esprit pour vous faire encore de
nouveaux malheurs.

Mer. Oui , mon cher Eurises , je le vois,ce
n'est qu'un simple soupçon : mais quand il seroit sans fondement,la seule absence de Cresfonte ne te semble-t-elle pas suffisante pour
causer ma douleur ? Hélas ! jeune & sans expe-
rience , sans compagnie, ignorant des chemins,
les coûtumes , & jusqu'aux dangers qui le me-
naceront , sans appui , pauvre , sans amis , quel-

D'ospiti; qual di vitto, e quai d'albergo
Non patirà disagio? quante volte
A l'altrui mense accosteressi, un pane
Chiedendo umile? e ne sarà fors'anche
Scacciato; egli, il cui padre à ricca mensa
Tanta gente accoglia. Mà poi se infermo
Cade, com'è pur troppo agevil cosa,
Chi n'avrà cura? ei giaceraffi in terra
Languente, afflitto, abbandonato, e un forse
D'acqua non gli sarà chi pur gli porga.
O Dei, che s'io potessi almeno ir seco,
Parmi, che tutto soffrirei con pace.

Ism. Regina, odi rumer; quà Polifonte
Sen viene. Mer. Io mi sottraggo; Euriso, àcor
Ti sia cercar Adrasti. Eur. Egli senz'altro
Sarà col Rè; tosto che i lasci, io pronto
L'afferro, e il fatto esploro, e à te ritorno.

S C E N A   III.

POLIFONTE, ADRASTO.

Pol. OR dimmi, parti, che deponga omai
Gli empi peggier la fluttuante ogn'ora
Città superba, e'l procelloso volgo?

Adr. La turba vil, che peggiorar non puote,
Odia sempre il presente, e cangiar brama,
E'i Rè, che più non ha, stima il migliore.

Pol. Troppo è vero; e qual'or le vie tras-
corro,

les peines cruelles le manque de logement &
de nourriture ne lui feront-ils pas essuyer!
combien de fois s'approchant d'une table é-
trangere, implorera-t-il humblement un secours qu'on lui refusera peut-être, lui dont le
pere recevoit tant de gens à sa table ? Mais
grands Dieux, s'il tombe malade, comme il
ne peut que trop arriver, qui prendra soin de
lui ? helas il languira, couché sur la terre, accablé de son mal, abandonné de tout, sans
trouver même qui lui offre de l'eau pour étan-
cher sa soif. Oh Dieux, si je pouvois du moins
l'accompagner & partager ses maux, je les sup-
porterois plus tranquillement.

Ism. Madame, j'entens du bruit, le Roi
s'avance ici.

Mer. Je me retire ; Eurises, ayez soin de
chercher Adraste.

Eur. Sans doute il accompagnera le Roi ;
je le joindrai dès qu'il le quittera ; & après m'ê-
tre éclairci de tout, j'irai vous en rendre compte.

SCENE III.

Polifonte, Adraste.

Pol. DIs-moi, te semble-t-il que cette Ville inconstante & rebelle, que cette
multitude legere & changeante puisse abandonner jamais ses projets de révolte ?

Adr. Seigneur, la vile populace, qui ne peut
rien perdre dans le trouble, hait toûjours l'état
present, souhaite d'en changer, & regrete sans
cesse le Prince qui ne la gouverne plus.

Pol. Ton discours n'est que trop vrai ; je ne
puis traverser la Ville sans voir la haine peinte

Io veggio i volti di livor dipinti,
E leggo il tradimento in ogni fronte.
    A dr. Affretta, ó Ré, queste tue nozze : af-
    fretta
Di soddisfar con quest' immagin vana
Di giuslizia , e di pace il popol pazzo.
    Pol. Meglio saria far di costoro scempio.

    Adr. Tu stesso à te torresti all'ora il regno.

    Pol. In voto regno almen sarei sicuro.

    Adr. Mà ciò bramar , non già sperar ti lice.

    Pol. E credi tu, che sia per poter tanto
Nel sentimento popolare il solo
Veder del regio onor Merope cinta?
    Adr. Sol l'incerto romor, che di ciò corre
Molti già ti concilia ; e ci hà chi spera,
Che di Cresfonte la consorte debbia
Risvegliar di Cresfonte in te i costumi.
    Pol. Sciocco pensier ! mà se costei ricusa.
    Adr. La donna, come sai, ricusa, e brama.

    Pol. Mal da l'uso comun questa misuri.

    Adr. Di raddolcir la disdegnosa mente
Con alcun' atto à lei gradito è forza
Por cura : arduo non sia, che il primo passo.
Fatto questo, e ridotta anche ritrosa,
E ripugnante à sofferire il nome
Di tua sposa, espugnar tutto il suo core
Fia lieve impresa ; che à placar la donna,
E à far ben tosto del suo affetto acquisto,
Somma han virtude i maritali amplessi.

fur les vifages , & fans lire fur tous les fronts les trahifons que l'on médite.

Aʙʀ. Seigneur, précipitez l'Hymen que vous avez réfolu , hâtez-vous de fatisfaire par cette vaine apparence de juftice une populace infen- fée.

Pᴏʟ. Il vaudroit mieux , peut-être , livrer ces rebelles aux tourmens qu'ils meritent.

Aᴅʀ. Eh Seigneur , ce feroit détruire vous- même votre Royaume.

Pᴏʟ. Dans un Royaume defert , au moins ferois-je en fureté.

Aᴅʀ. Seigneur , vous pouvez le fouhaiter, mais non pas l'efperer.

Pᴏʟ. Crois-tu donc que cette ombre de Royauté accordée à Merope , ait tant de pou- voir fur le cœur des peuples ?

Aᴅʀ. Le feul bruit qui s'en eft répandu vous en a déja gagné un grand nombre ; on fe flatte que l'époufe de Crefonte pourra vous infpirer les fentimens de ce Prince qui leur fut cher.

Pᴏʟ. Fol efpoir ! mais fi elle refufe ?

Aᴅʀ. Seigneur, vous le fçavez , une fem- me brûle fouvent en fecret de poffeder ce qu'elle feint de refufer.

Pᴏʟ. Tu te trompes , fi tu la crois fembla- ble au refte de fon fexe.

Aᴅʀ. Il faut adoucir cette ame hautaine par des égards & des bienfaits. Employez-y tous vos foins ; que rien ne vous paroiffe difficile ; & lorfque vous l'aurez contrainte , malgré fes dédains à porter le nom de votre époufe , fon cœur vous coûtera peu à gagner. Les tendres foins d'un époux appaifent facilement le cou- roux d'une femme, & fçavent gagner fon cœur. Peut-être même que ces careffes & ces mar-

Fors' ancò all'ora con lusinghe, e vezzi
(Per alma femminil forte tortura)
Giugner potesti il gran segreto à trarle
Di bocca, dove quel suo figlio occulti,
Qual finché hà vita, aver tu non puoi pace.
 Pol. *Questa è la spina, che nel cor stà fissa.*
 Adr. *Ciò potrebbe avvenir ; mà se persiste*
Contumace, e superba anche in suo danno,
E piegar non si vuol, conviensi all'ora
Forza , e minacce usar : che à tutto prezzo
Vuolsi ottener di coronar nel Tempio
A gli occhi de i Messeni , in frà la pompa
Di festoso Imeneo , costei , ver cui
E tanta la pietà , tanto è l'affetto ,
Pace dando , ed onore à questo avanzo
De la famiglia à lor cotanto cara.
 Pol. *Adrasto , vaglia il ver , tu ben ragioni.*
Fà che si chiami Ismene. Al mio pensiero
Il tuo é conforme : or più non stiasi à bada.
Ciò ch'è ben fare , differire è male.
Vanne tu al Sacerdote , e dì , che appresti ,
Pe'l nuovo giorno , publico e giulivo
Sacrificio solenne : il vulgo sciocco
Vuol sempre à parte d'ogni cosa i Dei.
Pe' trivii poi t'aggira , e la novella
Spargi con arte , e in mio favor l'adorna.
 Adr. *Saggiamente risolvi , ad ubbidirti*
M'affretto.

SCENA IV.

Ismene, Polifonte,

Ism. E Che m'imponi , ó Rè ? Pol. *Dirai*
  A Merope, che amor non soffre indugio,
E ch'io non vo' moltiplicare il danno

ques d'amour aufquelles une femme ne peut réfifter, lui arracheront le fatal fecret de l'éducation d'un fils dont la vie ne vous permettra jamais de jouir en paix du Thrône.

Pol. C'eft là le fujet de l'inquiétude qui me trouble fans ceffe.

Adr. Peut-être les chofes iront-elles ainfi; mais fi perfiftant dans un orgueil & dans une fierté qui s'oppofe à fon bonheur, Merope refufe de ceder à vos prieres ; alors, Seigneur, employez la force & les menaces;il faut à quelque prix que ce foit la couronner aux yeux des Meffeniens ; il faut que la fête d'un Hymen pompeux paroiffe relever les malheureux reftes d'une famille qui leur eft fi chere.

Pol. Adrafte, je me rens à tes raifons; fais appeller Ifmene ; mes deffeins font femblables aux tiens. Ne perdons plus de temps, l'execution d'un projet utile ne fe doit point retarder. Va trouver le Prêtre, dis-lui de préparer pour demain un facrifice folemnel. Tu fçais que le vulgaire imbécile met toûjours les Dieux de part dans toutes les entreprifes. Paffe de là dans la place ; répand cette nouvelle avec art, & l'embellit des couleurs les plus favorables.

Adr. Vous prenez, Seigneur, une réfolution prudente, je me hâte d'aller l'executer.

SCENE IV.

Polifonte, Ismene.

Ism. QUe m'ordonnez-vous, Seigneur?
Pol. Tu diras à Merope, que l'amour eft ennemi de tant de retardement, & que je ne veux point accroitre les tourmens que m'a fait

Di tanta età parduta. Al nuovo Sole
Però n'andremo al Tempio , ove del mio
Sincero cor , di mia perpetua fede
Tutti farò mallevadori i Dei.
Quinci di cento trombe al suon festivo
Fra'l giubilo comun , frà i lieti gridi
Sposa uscirà , e Regina. Un tanto dono
Dee far grata , qual sia , la man , che il porgea

ISM. *Come Signor ? il fermo tuo volere*
Oggi dopo'l meriggio esponi , e vuoi ,
*Che à così strano cangiamento...*POL. *E voglio ,*
Che tutto ciò diman , pria del meriggio ,
Sia eseguito : lode è protrar le pene ,
Mà non già i benefici. Or perchè veggia
Merope , quanto su'l mio cor già regni ,
Dille , che avendo scorto il suo desio
Intorne à l'omicida , io le dò fede ,
Che in danno suo non sorgera funesto
Decreto alcun' ; e in avvenir si accerti ,
Che sempre gridaron le leggi in vano
Contra chi sia dal suo favore assolto.
Or vanne , e fà , che in così lieto giorno
Piacciale illuminar di gioia il mesto
Volto , e le membra circondar di pompa.

ISM. *Sappi , ó Rè , ch'ella , da alcun tempo ,*
     in quelle
Ore tranquille , ch' al riposo e al sonno
Per noi si dan , dissimulato in vano
Soffre di febbre assatto. Alquanti giorni
Donnie e forza à rinfrancar suoi spirti.
   POL. *Il comando intendesti ; or tuo dovere*
E l'ubbidir , non il gracchiare al vento.

éprouver le temps que j'ai perdu. Demain nous irons au Temple, là je rendrai les Dieux garans de mon sincere amour & de ma fidelité éternelle. Parmi les applaudissemens des Peuples, & les cris que la joye leur fera pousser, au son des Trompettes qui annonceront mon bonheur, elle sortira du Temple mon Epouse & Reine de Messene. Un tel present doit lui rendre aimable la main qui le fait.

I·M. Quoy, Seigneur, vous donnez cet ordre dans ce moment, & sans laisser à la Reine le temps de se préparer à un tel changement, vous voulez que demain.....

Pol. Oüi, je veux que demain avant midi cet Hymen s'accomplisse : on doit retarder les peines, mais non pas les bienfaits ; & afin que Merope connoisse à quel point elle regne sur mon cœur, tu lui diras qu'ayant découvert ce qu'elle souhaite au sujet du Meurtrier, je lui donne ma parole qu'il ne sera point condamné. Qu'elle compte qu'à l'avenir les Loix crieront en vain contre ceux qu'elle absoudra. Va, Ismene, & fais que dans ce jour heureux la joye paroisse sur son visage, & qu'elle se montre au Temple avec les ornemens qui conviennent à la fête.

Ism. Souffrez, Seigneur, que je vous apprenne, que, depuis quelque temps, pendant les heures tranquilles destinées au repos & au sommeil, elle est agitée d'une fievre qu'elle tâche inutilement de cacher. Elle a besoin de quelques jours pour rétablir ses forces.

Pol. Tu as reçû mes ordres ; songe à les executer, & finis un discours inutile.

SCENA V.

ISMENE, POI MEROPE.

ISM, *S*Venturata Regina! à tanti affanni
      Questo mancava ancor; e questo appunto
Per l'infelice il tempo era opportuno
Da vederfi condurre à nozze, e nozze
Con Polifonte: ô mifero deftino!
   MER. Da te che volle Polifonte, Ifmene?
   ISM. Oime! fpofa ti vuole al Sol novello.
   MER. Di Cresfonte il penfier tanto mi ftrinfe,
Che queft'altro dolore io quafi avea
Pofto in oblio : mà che? morte da quefto
A mio piacer trar mi faprà, fol ch'io
Poteffi pria del figlio, e di fua vita
Contezza aver'. ISM. Aggiunfe, che quel reo,
Sol perchè in fuo favor piegar ti vide,
Ei da morte afficura. MER. Or vedi, Ifmene?
S'occulto arcano è quì? qual nuova cura
Di fecondar con animo sì pronto
Un lampo, di defir, che in me traluffe!

   ISM. Ecco Eurifo che torna, e con fereno
Sembiante, ei ti previen di già col rifo,
Qual'uom, che porta in fen liete novelle.

SCENA VI.

EURISO, Detti.

EUR. *L*Odato il Ciel, Regina; io quefta volta
      Ti trarrò pur d'affanno: ô fe d'ogni altro
Trar ti poteffi in quefto modo un giorno!

SCENE V.

ISMENE seule, & **MEROPE** qui survient.

Ism. REine infortunée, ce dernier coup manquoit à tes chagrins ! quel temps on choisit pour te conduire à un Hymen, & à l'Hymen de Polifonte ! Oh déplorable sort !

Mer. Que te vouloit le Tyran, Ismene ?

Ism. Ce qu'il veut ? helas ! que vous soyez demain son Épouse.

Mer. L'inquietude du sort de Cresfonte occupe tellement mon ame, que j'avois presque oublié cet autre malheur. Mais la mort sçaura m'en délivrer, dès que je le voudrai ; il me suffit d'être instruite du destin de mon fils, & de m'assurer de sa vie.

Ism. Il ajoûte qu'il fait grace au coupable, seulement parce que vous lui avez paru favorable.

Mer. Regarde, Ismene, il y a quelque mystere dans cette conduite. Quel est ce nouveau soin de satisfaire avec tant de promptitude un desir passager que je lui ai à peine fait entrevoir !

Ism. Madame, Eurises vient vers vous ; son air serain, la joye qui éclate sur son visage à votre vûe, vous annonce d'heureuses nouvelles.

SCENE VI.

MEROPE, EURISES, ISMENE.

Eur. LE Ciel soit loué, Madame ; pour cette fois je vous tirerai d'inquietude : plût aux Dieux que je pusse quelque jour finir de même tous vos chagrins ! E ij

MER. *Tu mi rallegri, Eurifo ; e che mi rechi
Di così certo ?* EUR. *Io con Adrasto appena
A parlar cominciai, che venni in chiaro,
Come l'ucciso dal ladrone al ponte
Il tuo figlio non fù.* MER. *Grazie à gli Dei,
Da morte à vita tu mi torni ; e pure
Cresceva in me il sospetto : Or quai di questo
Aver potesti tu sì chiare prove ?*

EUR. *Io ten dirò una sola ; il tuo Cresfonte
Nodrito in umil tetto, e qual di servo
Figlio tenuto, in basso arnese è forzà
Che vada errando.*
    MER. *E ver pur troppo.* EUR. *Or sappi,
Che quol misero avea superbe spoglie,
E ricchi arredi.* MER. *Se quest' è, Cresfonte
Ei per certo non fù ; tu ben ragioni.
Ma quali furon queste spoglie, e dove
Sono ?* EUR. *Io di esse questa sola gemma
Vò che tu veggia ; con fatica Adrasto
A le mie mani l'affido : rimira,
Se un tesoro non vale.* MER. *O quanto, Eurifo,
Io tenuta ti sono ! oime ! traveggo ?
Aita, ò Dei, sì ch'io non mora in questo
Punto.* ISM. *Che farà mai ?*

EUR. *Pensar no'l posso.*
    MER. *Ah ch'io non erro : è dessa. Questa gemma
Avea dunque colui, che fù trafitto ?*
    EUR. *Aveala ; or che ti turba ?* MER. *Avete
      vinto
Perverse stelle, or sarai sazia, ò forte,
Vibrato hai pur l'ultimo colpo, O Dei !*

Mɛʀ. Tu me réjoüis, mon cher Eurifes, & que m'apporte-tu de fi affuré ?

Euʀ. A peine ai-je commencé à m'entretenir avec Adrafte, que j'ai connu clairement que ce n'eft point votre fils qui a été tué par le brigand.

Mɛʀ. J'en rends graces aux Dieux, tu m'as donné la vie: à quel foupçon je m'étois livrée!.. Mais dis-moi quelles preuves fi claires t'en a-t-il pû donner ?

Euʀ. Je vous en dirai une feule ; votre fils nourri dans une Cabanne ruftique, élevé comme le fils d'un Efclave, doit être couvert d habits auffi viles que fa condition.

Mɛʀ. Helas ! il n'eft que trop vrai.

Euʀ. Sçachez donc, que le malheureux qui a été tué avoit de riches habits, & des bijoux magnifiques.

Mɛʀ. S'il eft ainfi, ce n'étoit point Cresfonte ; mais où font ces bijoux ? quels étoient-ils?

Euʀ. Madame, jugez-en par cette feule bague ; Adrafte ne me l'a confiée qu'avec peine : voyez ; cette pierre feule ne vaut-elle pas un trefor ?

Mɛʀ. Quelles obligations ne t'ai-je pas, Eurifes ? Mais ! que vois-je ? me trompé-je ? O Dieux! fecourez-moi , je me meurs.

Isм. Que fera-ce ?

Euʀ. Je ne puis l'imaginer.

Mɛʀ. Non, je ne me trompe point ; c'eft elle-même. Le mort avoit donc cette bague ?

Euʀ. Il l'avoit; mais qui peut vous troubler ainfi ?

Mɛʀ. Aftres ennemis, enfin vous l'emportez ; es-tu fatisfait, deftin cruel ? voilà donc le dernier des coups que tu me deftinois. Ah grands Dieux !   E iij

EUR. *Io son confuso.* ISM. *Il cor palpita, e*
   trema.

MER. *Questo è l'anel, che col bambino io diedi*
A Polidoro, e ch'io di dar gl'imposi
Al figlio mio, se mai giungesse a ferma
Etade; egli vi giunse, oime, mà in vano.

EUR. *Deh che mai sento!*
ISM. *O meraviglia!* MER. *Io madre*
Già più non sono; ogni speranza è à terra.

ISM. *Deh che forse tu sbagli, e come vuoi.*
Dopo sì lungo tempo aver sì fissa
D'un' anello l'idea? mà in oltre, forse
Non si pon dar due somiglianti gemme?

MER. *Che somigliar, che sbagli? un lustro*
   intero
Portata hò in dito questa gemma: questo
Fù il primo dono del mio sposo; e vuoi
Che riconoscere or no'l sappia? pensi
Tu, ch'io sia fuor di senno? ecco la volpe,
Privata già del Rè Cresfonte insegna.
Ch' egregio mastro vi scolpì. EUR. *Mà forse*
Smarrilla il vecchio in sì lunghi anni, e forse
Involata gli fù. MER. *Non gia, che Arbante*
Custodita appo lui sempre la vide

EUR. *O forza di destino!* ISM. *Il cor gliel disse.*

EUR. *Presentimento hanno le madre ignoto.*

Eur. Quel trouble, quelle confusion m'inspire ce discours ?

Ism. Mon cœur frémit dans l'inquiétude où me mets ce que je vois.

Mer. Oüi, c'est la bague que je remis à Polidore avec mon fils ; je le chargeai de la lui donner s'il parvenoit jamais à un âge raisonnable. Helas ! de quoi me sert qu'il ait atteint cet âge ?

Eur. O Ciel, qu'entens-je ?

Ism. Quelle surprise !

Mer. Je ne suis donc plus mere ; voilà donc toutes mes esperances détruites.

Ism. Ah, Madame, peut-être vous abusez-vous ; comment depuis un si long temps pouvez-vous avoir conservé l'idée d'un anneau ? & puis, ne peut-il pas y avoir deux pierres semblables ?

Mer. Que parle-tu de ressemblance,..... ou de méprise ?....j'ai porté cette pierre pendant cinq ans entiers. Ce fut le premier don que me fit mon Epoux, & tu veux que je ne puisse la reconnoître ; crois-tu que j'aye perdu la raison ? voilà ce même renard que la main d'un excellent Ouvrier avoit gravé pour servir de devise à Cresfonte avant qu'il montât sur le Trône.

Eur. Mais, depuis un si long temps, peut-être le vieil Polidore l'a-t-il perdue ; peut-être lui a-t-elle été prise ?

Mer. Non, Arbante l'a toûjours vûe entre ses mains.

Eur. O force de la nature !

Ism. Son cœur l'en avertissoit.

Eur. C'étoit l'effet d'un secret pressentiment qui n'est connu que des meres.

MER. *Or che più bado? e in questa vita amara*
Che più trattienmi? per tant' anni tutto
Il nodrimento mio fu una speranza;
Or questa è al vento; altro non resta; il figlio
Mio non vedrò mai più. Or Polifonte
Regnerà sempre, e regnerà tranquillo.
O ingiusti Numi! sì perfido, l'iniquo,
Il traditor, l'usurpator, colui,
Che in crudeltà, che in impietà, che in frode
Qual si fù mai più scelerato avanza,
Questo voi proteggete, in questo il vostro
Favor tutto versate; e contra il sangue
Del buon Cresfonte, contra gl'infelici
Germi innocenti di scoccar v'è in grado
Gli strali: e duolvi forse ora, che omai
Estinti tutti, ove scoccar non resta.

EUR. *Il funesto, impensato, orribil caso*
M'hà trafitto così, così m'hà oppresso
Ch'assai più d'uopo io stesso hò di conforto,
Ch'atto or mi sia per dar conforto altrui.
Non per tanto, ò Regina, il buon desio;
E'l sommo duol, che del tuo duolo io sento,
Fan ch'io pur ti dirò, che il tempo è questo,
Io cui tu devi richiamare al cuore
Tutto il valor di tua virtù: e si come
Sovra il corso mortale, ed oltre à l'uso
Del tuo sesso, in tutt' altro hai vinto;
Così in durar contra quest' aspro colpo
Ugual ti mostra, e fa arrossir gli Dei.
Oscure, imperscrutabili, profonde
Son quelle vie, per cui, reggendo i fati,
Guidar ci suol l'alto consiglio eterno.
Tu ben sai, che il gran Rè, per cui fù tratta
La Grecia in armi à Troia, in Auli ei stesso
La cara figlia à cruda morte offerse,
E sai, che'l comandar gli stessi Dei,

MER. Qu'attens-je plus long temps ? qui m'arrête dans cette vie amere ? une seule esperance m'a soûtenue pendant tant d'années ; elle est maintenant détruite, il ne m'en reste plus. Je ne verrai jamais mon fils. Polifonte restera sur le Trône, & il y sera tranquille ; Injustes Dieux ! un perfide, un méchant, un traître, un usurpateur, un homme qui surpasse la barbarie, la fureur & la perfidie des plus grands scelerats, est donc l'objet de vos faveurs ? c'est lui que vous protegez, tandis que le sang du juste Cresfonte, que les rejettons innôcens de cette famille infortunée sont en bute à vos traits ; peut-être regrettez-vous, maintenant que vous les avez détruits tous, de n'avoir plus sur qui faire tomber vos coups.

EUR. Madame, accablé comme vous du coup affreux & imprévû qui vient de vous frapper, le desespoir où je suis ne me laisse gueres en état de vous offrir des consolations ; helas ! j'en aurois besoin pour moi-même. Cependant, Madame, la part que je prens à vos malheurs, la douleur que m'inspire votre sort, m'obligent de vous dire que ce temps est celui où vous devez rappeller ce courage, cette fermeté que vous avez toûjours fait paroître. Vous, Madame, qui surpassant votre sexe, & même le pouvoir humain, avez sçû résister au sort dans les malheurs qui vous ont accablée jusqu'à ce jour ; ne vous laissez pas abbattre à ce coup funeste, soiez semblable à vous-même, & faites rougir ces Dieux qui causent votre infortune. Les voyes par lesquelles la providence du Ciel conduit nos destinées, sont obscures & impénétrables. Vous sçavez que ce grand Roi qui mena la Grece entiere contre Troye, fut

MER. *O Euriſo, non avrian già mai gli Dei*
Ciò comandato ad una madre. Un' uómo
Intendere non può, non può ſentire
Qual divario ci corra: e poi colei
Per la ſalute univerſale à morte
N'ando come in trionfo; e al figlio mio
Sotto il braccio plebeo ſpirar fù forza
D'un malandrino Empio ladron crudele,
Con che aſtuto parlar, con qual menzogne
Il fatto dipingea! chi non gli avrebbe
Preſtata fede? or' odi, Euriſo; io in vita
Non vo' più rimaner, da queſti affanni
Ben sò la via d'uſcir; ma convien prima
Sbramar l'avido cor con la vendetta.
Quel ſcelerato in mio poter vorrei,
Per trarne prima, s'ebbe parte in queſto
Aſſaſſinio il tiranno; io voglio poi
Con una ſcure ſpalancargli il petto,
Voglio ſtrappargli il cor, voglio co' denti
Lacerarlo, e sbranarlo: in ciò m'atta,
O fido amico, in ciò m'aſſiſti; e, dopo
Ciò, ti conforma al tempo. La tua fede
Non avrà più per cui ſervarſi: omai
Siegui i felici, e quel partito abbraccia,
Per cui ſon tutti dichiarati i Dei.

　　EUR. *Si ſtretto hò'l cor, che in vece di parole*
Non mi tramanda, che ſingulti, e pianto.

Fine dell'Atto Secondo.

lui-même obligé de livrer sa fille à un trépas
cruel, & vous sçavez que les Dieux même le
lui avoient ordonné.

M r. Ah mon cher Eurises! jamais les Dieux
n'auroient donné un pareil ordre à une mere.
Un homme ne peut sentir quelle différence se
trouve entre son amour & celui d'un pere.
D'ailleurs, cette fille alloit en triomphe à une
mort qui étoit le prix du salut de la Grece; &
mon fils est tombé sous le bras vil d'un infâme
assassin. Le barbare! avec quelle adresse, avec
quelles feintes couleurs il déguisoit son crime!
qui n'eût pas ajoûté foi à ses discours? Ecou-
tez-moi, Eurises, je ne veux plus conserver
une vie importune; je connois les chemins qui
peuvent finir tous mes maux; mais je veux,
avant tout, rassasier mon cœur affamé de vengeance. Que ne tiens-je ce barbare en mon
pouvoir, pour le forcer à me découvrir si le Tyran a eu part à son crime. Oüi, je veux ouvrir
sa poitrine, en arracher son perfide cœur, le
tenir entre mes mains, le déchirer, le dévorer.
Fidelle ami, aide-moi; prête-moi ton secours
pour cette vengeance; & ensuite, maître de dis-
poser d'une foi que personne ne pourra te demander, tu te conformeras au temps; tu suivras
le parti plus heureux, ce parti pour lequel les
Dieux même se sont déclarez tous.

Eur. Madame, le cœur pénétré de douleur,
mes larmes & mes sanglots seront ma seule ré-
ponse.

Fin du second Acte.

ATTO TERZO.

SCENA I.

POLIFONTE, ADRASTO.

POL *Con sì gran fretta io ti richiesi, Adrasto,*
Perche felici alte novelle io sono
Impaziente di versarti in seno.
Cresfonte è morto ; ei fù colui, che al ponte
Trucidato resto : dirmi or ben posso
Re di Messenia ; or posso dir, che al fine
Incommincio à regnar. ADR. *Veduto ho sempre*
Creder l'uom di legger ciò che desia.
E chi recò sì gran novella ? POL. *Un servo*
Di Merope, che, quanto à lui riesce
Di penetrar, mi svela, à ragguagliarmi
Corso è pur' or, com' ella sù tal morte
Smania, e il segreto, che per lunga etade
Tacque sì cauta, or forsennata il grida,
Crucciandosi d'aver con tanti inganni,
E con tanto sudor sol conseguito
Di fabricarsi una maggior sventura.

ADR. *E tu à lei presti fede ? e perchè mai*
Chi mentito hà vent' anni, or dirà il vero ?

POL. *Tu sospetti à ragion ; mà io n'ol credo*
Ai detti suoi, al suo dolore il credo.
Videla il servo lacerata il crine,

ACTE TROISIEME,

SCENE I.

POLIFONTE, ADRASTE.

Pol. JE t'ai fait appeller avec tant de hâte,
mon cher Adraste, pour te communi-
quer l'heureuse, l'importante nouvelle que l'on
vient de me donner. Cresfonte est mort ; c'est
lui-même qui vient d'être tué sur les bords du
fleuve ; c'est maintenant que je puis me dire
Roi de Messene ; c'est maintenant que je com-
mence à regner.

Adr. Seigneur, on se persuade sans peine ce
que l'on souhaite. Mais qui vous a donné cet
avis ?

Pol. Un Esclave de Merope, qui m'instruit
de tout ce qu'il peut découvrir, vient d'accou-
rir avec précipitation, pour m'apprendre que
cette Princesse, devenue furieuse à la nouvelle
de cette mort, publie dans les transports de sa
douleur un secret caché depuis si long-temps,
& se desespere de voir que ses soins & ses artifi-
ces n'ont servi qu'à rendre ses malheurs plus
cuisans.

Adr. Et vous la croyez, Seigneur ? Pourquoi cette femme, après une imposture soûtenue pendant vingt années, decouvriroit-elle
aujourd'hui la verité ?

Pol. Tes soupçons sont raisonnables : mais
ce ne sont point ses discours que j'en crois ; j'en
crois sa douleur. L'Esclave l'a vûe les cheveux

Di pianto il sen, piena di morte il volto
Videla sorger furibonda, e à un ferro
Dar di piglio, impedita à viva forza
Da l'aprirsi nel seno ampia ferita.
Or freme, ed urla, or d'una in altra stanza
Sen và gemendo, e chiama il figlio à nome;
Qual rondine tal'or, che ritornando
Non vede i parti, e trovo rotto il nido
Ch'alto striaendo gli s'aggira intorno,
E parte, e riede, e di querele assorda.

Adr. Mà come mai ciò rilevò? Pol. Ben
    chiaro
Ciò non comprese il servo; mà assicura,
Che à dubitar loco non resta.
    Adr. Or dunque
Felice te, per cui tutto combatte,
E in cui favor s'è armato il caso ancora,
Non sol di torre il tuo rival dal mondo,
Mà s'è presa anche cura la fortuna
Di risparmiare à te il delitto.
    Pol. Hò imposto
Che si disciolga l'uccisor, sol ch'egli
Del palagio non esca: or vò pensando,
Se il già prefisso à me troppo noioso
Imeneo tralasciar si possa; il volgo
Non hà più che sperar; nè ci ha in Messene
Chi regger vaglia temerarie imprese.
D'altra parte non è sprezzabil rischio
L'avvicinarsi quella furia: imbelle
Domestico nimico assai più temo,
Che armato in campo; e tu ben sai, che offesa
Femina non perdona.

en défordre & arrachez , les yeux baignez de
larmes, la pâleur de la mort fur le vifage ; il
l'a vûe fe lever aver fureur, fe jetter fur un fer
dont elle fe feroit frappée , fans les efforts que
l'on a faits pour la retenir. Elle remplit tout de
fes plaintes , de fes gémiffemens & de fes cris ;
elle court de chambre en chambre , appellant
fans ceffe le fils qu'elle vient de perdre. Telle
que l'Hirondelle , qui ne trouvant plus fes petits , & voyant à fon retour fon nid mis en pieces , voletant fans ceffe autour de ce lieu , va,
revient , & par fes cris aigus annonce au voifi-
nage la perte qu'elle a faite.

ADR. Mais comment a-t-elle pénetré ce fecret ?

POL. L'Efclave n'a pû s'en éclaircir ; mais il
affure que l'on ne doit point en douter.

ADR. Ainfi , Seigneur , votre bonheur eft
parfait ; tout s'arme en votre faveur ; le hazard
même combat pour vous ; & la fortune non
contente d'enlever le rival qui pouvoit feul
vous difputer le Trône , a voulu vous épargner
encore le crime qui vous en délivre.

POL. J'ai donné ordre que l'on délia le Meurtrier ; mon Palais lui tiendra lieu de prifon.
Mais confeille-moi ; ne puis-je me délivrer de cet
odieux Hymen dont j'avois marqué le jour ? Le
peuple n'a plus d'efpoir ; & Meffene n'a plus de
Citoyen qui puiffe conduire les témeraires projets des fcelerats. D'ailleurs , je ne dois pas
méprifer le danger que je cours , en approchant
de moi cette furie : c'eft un ennemi domeftique,
plus redoutable cent fois , malgré fa foibleffe ,
qu'un ennemi qui m'attaqueroit les armes à la
main : tu fçais qu'une femme irritée ne pardonne jamais.

ADR. *Anzi ora è il tempo*
Di dare omai con ciò l'ultimo impulso
A i voler vacillanti, e per tal morte
Resi dal disperar ver te più miti.
Certo esser dei, che acquisterà più lode
Quest' apparenza di pieta, che biasmo
Cento oscuri misfatti. De l'altera
Merope dopo ciò fanne à tuo senno.
Quanto d'atroce sen spargesse, all' ora
Perderà fede presso il volgo, e tutto
Maldicenza parrà. Vuolsi non meno
Ben tosto ampia inalzar funerea pompa,
E con lugubre onor, con finto pianto
Del tuo nimico celebrar la morte:
Si per mostrar d' aver cangiato il core,
Come per publicar ciò che ti giova.

POL. *Tutto si faccia; e poichè vuol Messene*
Esser delusa, si deluda. Quando
Saran da poi sopiti alquanto, e queti
Gli animi, l' arte del regnar mi giovi.
Per mute oblique vie n' andranno à Stige
L'alme più audaci, e generose. A i vizi,
Per cui vigor si abbatte, ardir si toglie,
Il freno allargherò. Lunga clemenza
Con pompa di pietà farò, che splenda
Sù i delinquenti, à i gran delitti invito:
Onde restino i buoni esposti, e paghi
Renda gl' iniqui la licenza; ed onde
Foi frà se distruggendosi, in crudeli
Gare private il lor furor si stempri.
Udrai sovente risonar gli editti,
E raddoppiar le leggi, che al sovrano
Giovan servate, e trasgredite. Udrai
Correr minaccia ogn'or di guerra esterna;

ADR.

Adr. Au contraire, Seigneur, voici le veri-
table temps de déterminer en votre faveur les
esprits encore chancelans : le desespoir où les
jette cette mort , les rend plus faciles à rame-
ner. Soiez sûr que cette apparence de douceur
vous procurera plus de gloire , que cent attentats obscurs ne vous attireroient de haine.
Après cet Hymen , disposez du sort de l'altiere
Merope ; les bruits les plus sinistres perdront
alors créance auprès du vulgaire ; il les attri-
buera tous à la médisance de vos ennemis. Cependant il faut donner des ordres pour faire de
pompeuses funérailles. Que ces lugubres hon-
neurs, que votre feinte compassion apprennent
à tout le monde la mort de votre ennemi. Il ne
vous importe pas moins de persuader au peuple
que vous avez changé de sentimens , que de
l'instruire d'une nouvelle qui vous est si utile.

Pol. Je suivrai tes conseils. Que Messene
soit abusée puisqu'elle veut l'etre. Lorsque les
esprits seront moins irritez & plus tranquilles ,
j'employerai tous les secrets du grand art de regner. Les plus hardis & les plus courageux des-
cendront par des routes obscures & inconnues
sur les Rives du Stix ; je lâcherai le frein à ces
vices qui amollissent les hommes, qui énervent
le courage. Je veux qu'une clémence fastueuse,
qu'une compassion exercée avec affectation sur
les plus coupables, invitent les hommes à commettre de grands crimes ; que les gens de bien
soient exposez à la fureur des scelerats ; que
l'impunité accordée à ceux-ci les attache à mes
interêts , & que se détruisant les uns & les autres , ils éteignent leur fureur dans leurs querel-
les particulieres. Tout retentira de nouveaux
Edits. Tu verras les Loix se multiplier ; ces Loix

Ond' io n'andrò sù l'atterrita plebe
Sempre crescendo i pesi , e peregrine
Milizie introdurrò. Che più ? son giunto ,
Dov' altro omai non fa mestier che tempo ?
Anche da se ferma i domini il tempo.

ADR. Certo negar non si potrà , che nato
A regnar tu non sia. Quanto col grado ,
Con la mente altrettanto altrui sovrasti.

SCENA II.

EGISTO , Detti.

EGI. ECcelso Rè , che i miseri difendi ,
E che i decreti di clemenza adorni ;
Sovrà di te versi per sempre il Cielo
Letizia , e pace , e ogni desir t'adempia.

POL. Il tuo delitto (se pur dee delitto
Dirsi il purgar d'uomini rei la terra)
Poichè tanto valore in te palesa ,
Grazia seppe acquistar nel mio pensiero.
EGI. Qual si fosse il vigor, che in quell' incontro
A mia difesa usai , finch' io respiri ,
Sarò pronto ad usarlo in tua difesa.
POL. Qual' è il tuo nome ?
EG . Egisto è il nome mio.
POL. Or' io vorrei , che di colui , che oppresso
Cadde sotto i tuoi colpi , ancor mi dessi
Più precisa contezza. EGI. Io già ne dissi

qui fervent également le Souverain, foit qu'on
les obferve, foit qu'on les viole. Le bruit d'une
guerre , dont j'occuperai fans ceffe les efprits ,
me fournira des prétextes fpécieux pour accabler le peuple fous le poids redoublédes impôts,
& pour introduire des Troupes étrangeres. Que
te dirai-je enfin ? je me vois dans un état, où
pour affurer mon pouvoir, je n'ai befoin que du
temps qui fuffiroit lui feul pour affermir les
Trônes.

Abk. Seigneur, on ne peut nier que vous ne
foyez né pour regner. Les lumieres de votre
génie vous élevent au-deffus des autres hommes, encore plus que votre dignité.

SCENE II.

EGISTE, POLIFONTE, ADRASTE.

Egi. GRand Roi qui protegez les Infortu-
nez , & dont les Arrets font remplis
de clémence, que le Ciel verfe fans ceffe fur
vous la joye & le repos, & qu'il rempliffé tous
vos defirs.

Pol. Ton crime, fi néanmoins l'on doit nom-
mer crime des actions qui purgent la terre de
fcelerats, découvre en toi un courage qui s'ac-
quiert ma faveur.

Eg. Seigneur, je ferai toûjours prêt à facrifier pour vous la force que j'employai dans cette occafion pour défendre mes jours.

Pol. Quel eft ton nom ?

Egi. On me nomme Egifte.

Pol. Je voudrois que tu me donnaffes une
plus exacte connoiffance de celui qui eft tombé fous tes coups.

Quanto ne seppi, e a ciò che gia narrai
Nulla aggiugner potrei. POL. *E pur si trova*
Chi n' ha notizie assai migliori. Il fatto
Già vedi, che per me si approva, e loda;
Nulla hai più da temer: svelare or puoi
Francamente ogni cosa; assai m'importa
Quel ch' or ti chiedo; de l'ucciso il corpo,
Che forse del torrente altri già trasse,
Ho spedito à indagar, ma dimmi intanto
Ciò ch' egli disse, e ciò che seco avea,
Ciò che togliesti tu, ciò che rimase.

'ADR. *Signore, i' veggio Ismene, indizio certo*
Che Merope s' appressa: un sì noioso
Incontro sfuggi, e'i primo impeto schiva
Del suo dolor: lascia, che à suo piacere
Con l'uccisor favelli; onde scorgendo,
Che innocente pur sei di questo sangue,
Nuovo motivo d'abborrir tue nozze
Non le si desti in cor. POL. *Ben pensi, Adrasto;*
Nè fia che tempo a investigar ci manchi.

SCENA III.

MEROPE, ISMENE, EGISTO.

ISM. *Egli è qui solo.* MER. *Iniquo orribil ceffo!*
Or fa, ch' Euriso accorra, è fa, che in-
dugio
Non ci frametta.
EGI. O regal donna, ò esempio

Eg1. Seigneur, je vous ai déja dit tout ce
que j'en fçavois ; je ne puis rien ajoûter au détail que je vous en ai fait.

Pol. Il fe trouve néanmoins des gens qui
le connoiffent mieux que toi. Tu vois que j'approuve & que je loue ton action ; tu n'as plus
rien à craindre ; découvre-moi hardiment tout
ce qui fe paffa. Le détail que je demande m'importe infiniment. J'ai envoyé chercher le Ca-
davre du mort, que d'autres ont peut-être retiré du torrent. Cependant raconte-moi ce qu'il
te dit, ce qu'il portoit fur lui ; avoue moi quelles dépouilles tu lui enlevas, & montre-moi cel-
les qui te reftent.

Adr. Seigneur, Ifmene que j'apperçois m'annonce l'arrivée de Merope ; fuyez fa rencon-
tre fâcheufe , évitez les premiers tranfports de
fa douleur ; laiffez-la parler en liberté avec le
Meurtrier ; qu'elle apprenne par fes difcours ,
que vous n'avez point fait verfer le fang qu'elle
pleure , & qu'elle ne nourriffe point dans fon
cœur un nouveau fujet de détefter votre Hymen.

Pol. Tu penfe jufte , Adrafte , mais fonge
à ne point perdre un temps précieux pour découvrir ce myftere.

SCENE III.

Merope Ismene, Egiste.

Ism. Il eft feul ici, Madame.
Mer. Quel horrible afpect ? Mais fais venir
Eurifes : qu'il fe hâte , au nom des Dieux.

Egi. Grand Reine , exemple de vertu & de
courage , permettez que mon cœur vous ex-

Di virtute, e d'onor; lascia, ch'io stempri
Sù le tue vesti in umil bacio il cuore.
Quella pietà, che à rea prigion mi tolse,
E che ne l'ombre di mortal periglio
Balenò à mio favor, certo son' io,
Che da te il moto, e da te preso hà il lume.
Gli eterni Dei piovanti ogn'ora in seno
Tutti i lor doni; e se cader già mai
Dovessi in caso avverso, essi la mano
Porgano à te, qual tu la porgi altrui.
Io per più non poter, dentro il mio core
T'ergerò un Tempio, in cui, finchè lo spirto
Reggerà queste membra, in qual mi porsi
Strania terra il destin, la tua memoria,
E'l beneficio tuo per me s'onori.
Mà tu torbida, e in te raccolta ascolti,
Se pur m'ascolti: nè d'un guardo pure
Mi degni: ingombran forse altri pensieri
Il regio seno, e intempestivo io parlo.
Deh perdona il mio fallo, e soffri'ancora
Ch'io di compir l'opra ti prieghi. Intera
La libertà sospiro: i patrii amati
Lari tu sola puoi far ch'io riveggia,
Ed in te sola ogni mia spene e posta.

SCENA IV.

EURISO, ISMENE, Detti.

EUR. **E**Ccomi à cenni tuoi. MER. *Tosto di lui*
l'assicura.

prime ſes ſentimens par les baiſers reſpectueux
que j'oſe donner à votre Robe. Oüi, Madame,
cette compaſſion qui m'a tiré d'une cruelle priſon, cette pitié qui m'a ſecouru dans je peril
mortel où j'étois, c'eſt vous qui l'avez fait croître dans le cœur du Roi. Que les Dieux Eternels répandent ſans ceſſe leurs dons ſur vous :
& ſi jamais vous devez éprouver le deſtin contraire ; que les Dieux juſtes vous tendent une
main ſecourable avec la même bonté que vous
me l'avez offerte. Madame, ma reconnoiſſance ne pouvant rien de plus, je vous éleverai un
Temple au fond de mon cœur ; c'eſt là que je
révererai ſans ceſſe votre memoire. Tant qu'un
reſte de vie animera mon corps, dans quelques
lieux que le deſtin me porte, je conſerverai un
ſouvenir éternel de vos bienfaits. Mais, Madame, quelle eſt cette froideur & ce trouble avec
lequel vous m'écoutez, ſi même vous m'écoutez ? Quoi, vous ne daignez pas m'honorer
d'un ſeul de vos regards ? peut-être des ſoins
plus élevez occupent votre grande ame, & je
vous détourne indiſcretement. Helas ! pardonnez-moi cette faute ; ſouffrez que je vous conjure d'achever votre ouvrage ; je ſoupire après
une entiere liberté ; vous ſeule pouvez me faire revoir les foyers paternels. C'eſt en vous
ſeule que réſide mon eſperance.

SCENE IV.

EURISES, ISMENE, MEROPE,
ŁGISTE.

Eur. MAdame, je viens executer vos ordres.

EUR. *Son pronto ; or più non fugge ,*
Se questo braccio non ci lascia. EGI. *Come !*
E perchè mai fuggir dovrei? Regina ,
Non basta dunque un sol tuo cenno? imponi,
Spiegami il tuo voler ; che far poss' io ?
Vuoi, ch'immobil mi renda ? immobil sono.
Ch'io pieghi le ginocchia ? ecco le piego.
Ch' io t'offra inerme il petto ? eccoti il petto.

ISM. *Chi crederia, che sotto un tanto umile*
Sembiante tanta iniquità s'asconda ?

MER. *Siega la fascia, e ad un di questi marmi*
Leghiamlo sì, che poi si scuota in vano.

EGI. *O Ciel, che stravaganza !* EUR. *Or quà,*
　　spediamci ,
E per tuo ben non far nè pur sembiante
Di repugnare , ò di far forza. EGI. *E credi*
Tu, che quì fermo tuo valor mi tenga ?
E ch' uom tu fossi da atterrirmi , e trarmi
In questo modo ? non se trè tuoi pari
Stessermi intorno ; gli Orsi à la foresta
Non hò temuto d'affrontare io solo.
　　EUR. *Ciancia à tuo senno, pur ch'io quì ti leghi.*

EGI. *Mira, colei mi lega : ella mi toglie*
Il mio vigor : il suo real volere
Venero , e temo : fuor di cio , già cinto
T'avrei con queste braccia , e sollevato
T'avrei percosso al suol.
　　MER. *Non tacerai*
Temerario ? affrettar cerchi il tuo fato ?
　　EGI. *Regina io cedo, io t'ubbidisco, io stesso*
Qual ti piace , m'adatto. Hà pochi istanti ,

MER.

Mer. A l'inftant, que l'on s'affure de lui.

Eur. Arréte ! ne fuis point, fi tu ne laiffe
ce bras.....

Egi. Hé, pourquoi fuirois-je ? Madame, un
feul de vos regards ne vous fuffit-il pas ? Ordonnez, expliquez-moi votre volonté ; que
puis-je faire ? voulez-vous que je demeure immobile ? je le fuis. Que je me jette à vos genoux ? m'y voilà. Que je vous prefente ma poitrine fans défenfe ? je vous l'offre.

Ism. Qui croiroit qu'un maintien fi doux &
fi foumis pût cacher tant de noirceur & de mé-
chanceté ?

Mer. Déploye cette Echarpe, & lions-le fi
fortement à une de ces Colomnes, que tous fes
efforts foient vains.

Egi. O Ciel, quelle bizarre deftinée !

Eur. Allons, qu'on fe hâte ; & fi tu ne veux
augmenter ton malheur, n'effaye point de réfifter, ou d'oppofer la force.

Egi. Crois-tu que ta valeur m'arréte ici ?
que tu fuffes homme à m'intimider & à me traî-
ner ainfi ? Non, trois hommes femblables à toi
l'entreprendroient en vain. Sache que je n'ai
pas craint d'attaquer & de combattre moi feul
les Ours dans nos Forêts.

Eur. Vante ta bravoure à ton aife, pourvû
que je t'attache ici.

Egi. C'eft la Reine qui m'enchaîne ; & c'eft
elle qui m'ôte la force de refifter. Je la refpe-
cte, & je crains de m'oppofer à fes defirs. Sans
cela, je t'aurois déja faifi, & te foulevant entre
mes bras, je t'aurois brifé contre la terre.

Mer. Infolent, tu ne cefferas point ce difcours ? cherches-tu à hâter ton fupplice ?

Egi. Madame, je cede, & je vous obeis,

Ch' io fui per te tratto da i ceppi ; ed ecco
Ch' io ti rendo il tuo don ; vieni tu stessa,
Stringimi à tuo piacer : tu disciogliesti
Queste misere membra , e tu le annoda.

Ism. *Or non cred' io che dar potesse un crollo.*

Mer, *Or và, recami un' asta.*
Egi. *Un' asta ! ò forte ,*
Qual di me gioco oggi ti prendi ? e quale
Commesso hò mai nuovo delitto ? dimmi ,
A qual fine son' io qui avvinto , e stretto ?
    Mer. *China quegli occhi traditore à terra,*
    Ism. *Eccoti il ferro.*
    Eur. *Io'l prendo , e se t'è in grado ,*
Gliel presento alla gola.
    Mer. *A me quel ferro.*
Egi. *Così dunque morir degg' io , qual fiera*
Ne i lacci avviluppata ? e senza almeno
Saperne la cagion ? Mer. *Non la sai eh ?*
Perfido mostro ! or' odi ; la tua morte
Fia il minor de' tuoi mali , à brano à brano
Qui lacerar ti vo' , se in un momento
Tutto non sveli , ò se mentisci. Parla ,
Come scoprillo Polifonte ? e come
Riconoscestil tu ? Egi. *Che mai favelli ?*

Mer. *Non t'insinger , ladron , che tutto è in*
    vano.
Egi. *Reina, in qualche error tua mente è corsa;*
Frena l' ira ti priego : io ciò che chiedi
Nè pure intendo.
    Mer. *Empio assassin , tuo scempio*

& moi-même je me mettrai dans l'état où vous voudrez. Il y a quelques inftans que vous m'avez tiré des fers ; je fuis prêt à vous rendre cette liberté que je tiens de vous. Venez, Madame, ferrez vous-même les nœuds qui m'attachent ; c'eft vous qui les avez rompus ; ce fera vous qui les formerez de nouveau.

Is м. Je ne crois pas qu'il puiffe faire maintenant le moindre effort.

Mer. Va me chercher un Javelot.

Eor. Un Javelot? O cruel deftin, de quelle façon tu te joues de moi ! quel nouveau crime ai-je commis ? dites-moi, pourquoi me tenir attaché ici ?

Mer. Traître, baiffe tes yeux à terre.

Ism. Voilà le Javelot.

Eur. Je le tiens, & fi vous l'ordonnez, je vais percer fon fein.

Mer. Donne-moi ce fer.

Eg. Je dois donc perir ainfi, comme une bête retenue dans les filets, & fans fçavoir du moins la caufe de ma mort ?

Mer. Quoi, tu l'ignores, monftre perfide ! écoute. La mort fera le moindre des maux que je te prépare, je vais te déchirer en pieces, fi tu ne découvre en ce moment toutes tes trahifons, ou fi tu les déguife par un menfonge. Parle ; Comment Polifonte l'a-t-il découvert, & comment l'as-tu reconnu ?

Egi. Quel eft ce difcours ?

Mer. Brigand ! ceffe de feindre, tes efforts feront vains.

Egi. Reine, vous êtes dans l'erreur ; moderez cette colere : je ne comprens pas même ce que vous demandez.

Mer. Infâme affaffin ! je vais commencer

Dal trarti gli occhi io già comincio : ancora.
Non mi rispondi?
        EGI. *O giusti Numi ! e come*
Risponder posso à ciò che non intendo?
        MER. *Che non intendo ? Polifonte adunque*
Tu non conosci ?
        EGI. *Oggi il conobbi ; oggi*
Due volte gli parlai : s'io mai più il vidi ,
S'io di lui seppi mai , l'onnipotente
Giove da le tue mani or non mi salvi.

        ISM. *Hanno il lor Giove i malandrini ancora?*

        EUR. *Mà quel sangue innocente chi t'indusse*
A sparger dunque ? EG . Di colui , che uccisi ,
Parli tu forse ? e chi vuoi tu , che indotto
M'abbia ? la mia difesa , il naturale
Amor della sua vita , il caso , il fato ,
Questi fur , che m'indussero. MER. O fortuna !
Così dunque perir dovea Cresfonte !
        EGI. *Ma com' esser può mai , che tanto importi*
D'un vil ladron la morte ?
        MER. *Audacia estrema !*
Tu vile , tu ladron tu , scelerato.

        EGI. *Eterni Dei , ch'io venerai mai sempre ,*
Soccorretemi or voi : voi riguardate
Con occhi di pietà la mia innocenza.

        MER. *Dimmi , pria di spirar quell' infelice*
Che disse ? non ti fe preghiera alcuna ?
Quai nomi proferì ? non chiamò mai Merope?
        EGI. *Io non udii da lui parola.*
Mà il Rè pur' anco di costui chiedea ,
Che mai s' asconde qui ?
        EUR. *Donna , tu perdi*

ton supplice par t'arracher les yeux. Quoi, tu
ne me réponds point encore ?

Egi. O justes Dieux ! hé comment répon-
drois-je à ce que je n'entens pas ?

Mer. Ce que tu n'entens pas ! tu ne connois donc pas Polifonte ?

Egi. Je l'ai connu aujourd'hui, & je lui ai
parlé deux fois. Mais si avant ce jour, je l'a-
vois jamais vû, si j'en avois même ouï parler,
que le puissant Jupiter ne me sauve point de
vos mains.

Ism. Hé quoi les brigands connoissent-ils aussi
un Jupiter ?

Eur. Mais qui te porta donc à répandre ce
sang innocent ?

Egi. Parlez-vous de celui que j'ai tué ? qui
m'y a porté ? une juste défense, l'amour natu-
rel de la vie, le hazard, le destin. Voilà quels
ont été les motifs de cette action.

Mer. Fortune cruelle ! c'étoit donc ainsi que
devoit périr Cresfonte ?

Egi. Mais comment la mort d'un vil assassin peut-elle vous interesser si fort ?

Mer. Ah, quelle audace extrême ! c'est toi,
scelerat, c'est toi seul qui merites ces noms de
vil assassin.

Eg. Dieux éternels que j'adorai toujours,
secourez-moi dans ce moment ; jettez sur mon
innocence un regard pitoyable.

Mer. Parle; que dit cet Infortuné avant que
d'expirer ? ne te demanda-t-il rien ? quels noms
profera-t-il ? n'appella-il point Merope ?

Egi. Je n'ai ouï aucune de ses paroles. Mais
le Roi me faisoit les mêmes demandes ; quel
mystere est caché la-dessous ?

Eur. Reine, vous perdez ici le temps &

Il tempo, e la vendetta : in questo loco
Di leggier può arrivar chi ti frastorni.
     MER. *Mora dunque il crudele.*
     EGI. *O madre mia,*
Se in questo punto mi vedessi!
     MER. *Hai madre ?*
     EGI. *Che gran dolor sia il tuo!*
     MER. *Barbaro , madre*
Fui ben' anch' io, e sol per tua cagione
Or no'l son più : quest' e ciò che ti perde,
Mori, ladron spietato.
     EGI. *Ah Polidoro !*
Tu mel dicesti un dì, ch' io mi guardassi
Dal por già mai ne la Messenia il piede.
     MER. *Polidoro! chi sei ?* EGI. *Creder bisogna*
A i vecchi.
     MER. *Dì, qual Polidoro è questi ?*
Dal capo à i piè m'è corso un gelo, Euriso,
Che instupidita m' hà, Dimmi , garzone,
E ch' hai tu à far con la Messenia ? EGI. *Nulla ;*
Ma pur così ei dicea.

     MER. *La patria, il padre,*
Il nome ? . . . .
     ISM. *Ecco le guardie ,ecco il tiranno.*
     MER. *O stelle avverse ! fuggi, Euriso ; fuggi*
Tu ancora, Ismene : io nulla temo.

SCENA V.

POLIFONTE, MEROPE, EGISTO;

EGI. **A**Ccorri,
         O Rè , mira qual trattansi in tua Corte
Color, che assolvi tu : qui strettamente

l'occasion de votre vengeance ; on peut facilement vous surprendre dans ce lieu.

Mɛʀ. Meurs donc, cruel.

Eɢɪ. Ah, ma mere, si tu me voyois en cet état !

Mʙʀ. Tu as une mere ?

Eɢɪ. Quelle douleur seroit la tienne !

Mʙʀ. Barbare, j'étois mere aussi , & c'est par toi seul que je cesse de l'être. Voilà , voilà ce qui cause ta perte ; meurs brigand impitoyable.

Eɢɪ. Ah, Polidore, tu me l'avois bien dit de fuir avec soin la Messénie.

Mʙʀ. Polidore ! quel est ce Polidore ?

Eɢɪ. Que n'ai-je cru des Conseils dictez par son âge.

Mʙʀ. Parle ; quel est ce Polidore ?...Eurises, un frisson mortel , qui court par tout mon corps , m'ôte l'usage de mon esprit. Dis-moi , jeune homme , & qu'as-tu à démêler avec Messene ?

Eᴜʀ. Rien , Madame, mais cependant il me parloit ainsi.

Mɛʀ. Ton pays ? ton pere ? ton nom ?.....

Isᴍ. Voilà la Garde qui s'avance , voilà le Tyran.

Mɛʀ. Astres ennemis ! fuis, Eurises, fuis aussi Ismene; Pour moi je n'ai plus rien à redouter.

SCENE V.

POLIFONTE, MEROPE, EGISTE.

Eɢɪ. AU secours ! grand Roy, voyez comme on traite dans votre Cour ceux à qui vous faites grace. Ils m'ont lié ici , & sont

Legato m' hanno à trucidarmi accinti
Per quella colpa, che non è più colpa,
Poiche l' approvi tu che regni, e grazia
Poichè appo te seppe acquistare, e lode.

   MER. *Egli l' approva, e loda? e mostrò prima*
D' infuriarne tanto ; ah fui delusa.

   POL. *Colui si sciolga.* EGI. *O giusto Rè, la vita*
Dolce mi sia spender per te d' ogn' ora.
Sì gran periglio a' giorni miei non cersi :
Ma se vivo mi vuoi, tuo regio manto
Dal furor di costei mi faccia schermo.

   POL. *Vanne, e nulla temer : mortal delitto*
D' or' innanzi farà recarti offesa.
Premio attendi, e non pena : hai fatto un colpo
Che frà gli Eroi t' inalza, e' l tuo misfatto
Le impresse altrui più celebrate avanza.

   MER. *Che dubitar ? misera, ed io da un nome*
Trattener mi lasciai ; quasi un tal nome
Altri aver non potesse.

   EGI. *Or de l'avversa*
Sorte ringrazio i colpi , se il mio petto
Io sol per essi assicurar dovea
De la grazia real col forte usbergo.

SCENA VI.

MEROPE, POLIFONTE.

POL. **M**Erope, omai troppo t' arroghi. Adun-
      que,
S' a me l' avviso non correa veloce,
Cader vedeasi trucidato à terra
Chi fù per me fatto sicuro ? adunque
Veder doveasi in questa reggia, avvinto
Per altrui man, chi per la mia fù sciolto ?

prêts à m'ôter la vie pour cette faute, qui n'en
est plus une, depuis que vous l'approuvez, &
qu'elle a merité vos louanges & votre faveur.

M. R. Il approuve, il loue cette action, lui
qui feignoit de s'en irriter ? ah, j'étois abusée !

PoL. Qu'on le délie.

EGI. Roi plein d'équité, qu'il me sera doux
de perdre la vie pour vos interets ! non, jamais un si grand peril n'a menacé mes jours.
Si vous voulez les conserver, daignez, Seigneur, me proteger vous-même contre les fu-
reurs de cette femme.

PoL. Va ne crains rien ; l'on ne pourra t'of-
fenser sans encourir ma vengeance. Attens de
moi la recompense que merite une action qui
te met parmi les Heros ; ce crime efface la
gloire des plus fameux exploits.

M. R. Puis-je en douter encore? malheureu-
se ! je me suis laissée arrêter par un nom comme si d'autres ne pouvoient en porter un pareil.

EGI. Je rens grace aux coups du sort ennemi. C'est à ces mêmes coups que je dois la
puissante protection dont un grand Roi m'ho-
nore.

SCENE VI.

MEROPE, POLIFONTE,

PoL. **M**Adame, vous vous attribuez un
pouvoir trop grand. He quoy, si
l'avis ne m'en eût été porté assez tôt, ce malheureux, à qui j'avois donné la vie, l'auroit
perdue par vos mains. Quoi, dans ce même
Palais, on ose enchainer celui que j'ai délié !
Le nom de mon Epouse que je vous ai donné

Quel nome, ch' io di sposa mia ti diedi
Troppo ti dà baldanza, e troppo à torto
In mia offesa sì tosto armi i miei doni.

MER. A te, che regni, e che prestar pur dei
Sempre ad Astrea vendicatrice il braccio,
Spiacer già non dovria, che d' ira armata
Sovra un' empio ladron scenda la pena.

POL. Quanto instabil tu sei! non se' tu quella,
Che poco fa salvo lo volle? or come
In un momento se' cangiata? forse
Sol d' impugnare il mio piacer t' aggrada?
Se vedi, ch' io 'l condamni, e tu l' assolvi,
Se vedi, ch' io l' assolva, e tu l' condamni.

MER. Io non sepe va all' or, quant' egli è reo.

POL. Ed io sepi ora sol, quanto è innocente.

MER. Pria mi donasti la sua vita; adesso
Donami la sua morte. POL. Iniquo fora
Grazia annull' à Merope concessa.
Mà perche in ciò t' affanni sì? qual parte
Vi prendi tu? di vendicar quel sangue
Che mai s' aspetta a te? del tuo Cresfonte
Esso al certo non fù, ch' ei già bambino
Morì ne le tue braccia, e de la fuga
Al disagio non resse. MER. A scelerato!
Tu mi dileggi ancora; or più non fingi,
Ti scopri al fin: forse il piacer tu speri
Di vedermi ora qui morir di duolo;
Mà non l' avrai: vinto è il dolor da l' ira.
Sì che vivrò per vendicarmi. Omai
Nulla hò più da temer. Correr le vie
Saprò, le vesti lacerando, è 'l crime,

Vous infpire trop d'audace, & vous vous hâ-
tez trop de vous armer de mes dons pour
m'offenfer moi-meme.

Mɛʀ. Devroit-il vous déplaire à vous qui
êtes fur le Trône, à vous qui devez prêter
fans ceffe un bras vengeur aux Loix outragées,
que mon courroux faffe tomber fur un infâme
Brigand la peine dûe à fon crime ?

Poʟ. Que vous changez promptement de
deffein ! n'eft-ce pas vous, qui nagueres,
vouliez le fauver ? Comment en un moment,
êtes-vous fi contraire à vous-même ? n'avez-
vous d'autre defir que de vous oppofer à ce
que je fouhaite ? lorfque je le condamne, vous
voulez l'abfoudre, & lorfque je l'abfous, vous
le condamnez.

Mɛʀ. Ah j'ignorois alors quels étoient tous
fes crimes.

Poʟ. Et moi, je viens d'apprendre en ce
moment quelle eft fon innocence.

Mɛʀ. Vous m'avez accordé fa vie ; maintenant je vous demande fa mort.

Poʟ. Hé quoi, Madame, révoquer une grace accordée à Merope ! Mais d'où peut venir
ce grand empreffement ? quelle part prenez-
vous au fort de ce malheureux ? que vous importe la vengeance du fang qu'il a verfé ? Ce
n'eft pas celui de votre jeune Cresfonte, qui
mourut entre vos bras dans fa plus tendre enfance, & qui n'a point éprouvé les peines de
l'exil.

Mɛʀ. Ah Tyran ! tu infultes à mon malheur,
tu n'employes plus la feinte, tu te démafques
enfin. Peut-être efperes-tu goûter le plaifir
barbare de me voir expirer ici de douleur.
Mais non, tu n'en jouiras pas. Ma colere fera

E co' gridi, e col pianto il popol tutto
Infiammare a fur, spingere à l'armi.
Chi vi sarà, che non mi segua? à l'empia
Tua magion mi vedrai con mille faci;
Arderò, spianterò, le mura, i tetti,
Svenerò i tuoi più cari, entro il tuo sangue
Sazierò il mio furor: quanto contenta,
Quanto lieta farò nel rimirarti
Sbranato, e sparso! ahi che dich' io! che penso!
Io sarò all' or contenta? io farò lieta?
Misera, tutto quello il figlio mio
Riviver non farà. Tutto ciò all'ora
Far si dovea, che per cui farlo v'era:
Or che più giova? oimè, chi provò mai
Si fatte angosce? io'l mio consorte amato,
Io due teneri figli a viva forza
Strappar mi vidi, e trucidar'. Un solo
Rimasto m' era à pena, io per camparlo
Mel divelsi dal sen, mandandol lungi,
Lassa, e'l piacer non ebbi di vederlo
Andar crescendo, e i fanciulleschi giochi
Di rimirarne. Vissi ogn' ora in pianto,
Sempre avendolo innanzi in quel vezzoso
Sembiante, ch' egli avea, quando al mio servo
Il porsi: quante lagrimate notti!
Quanti amari sospir! quanto disio?
Pur cresciuto era al fine; e già si ordiva
Di porlo in trono, e già pareami ogn' ora
D' irgli insegnando qual regnar solea
Il suo buon genitor: ma nel mio core,
Misera, io destinata infin gli avea
La sposa: ed ecco un' improviso colpo
Di sanguinosa inescrabil morte
Me l' invola per sempre: e senza ch' io
Pur' una volta il vegga, e senza almeno
Poterne aver le ceneri: trafitto,

plus forte encore que mon defefpoir. Oui , je
vivrai du moins pour me venger. Quelle crainte pourroit déformais me retenir ? tu me verras parcourir Meffene , déchirant mes habits,
arrachant mes cheveux , allumant par mes
pleurs & par mes cris la fureur de ton peuple ,
& le forçant à prendre les armes. Hé qui pourroit refufer de me fuivre ? j'embrazerai ton Palais impie , j'en renverferai les murs, j'égorge-
rai tes plus chers amis , & j'affouvirai ma fureur dans ton fang. Quel fera mon contente-
ment ! quelle fera ma joie de contempler tes
membres fanglans & difperfez ! Mais que dis-
je ? que penfé-je ? malheureufe ! moi contente?
moi de la joie ? helas ! ma vengeance me ren-
dra-t-elle mon fils ? ah , c'étoit lorfqu'il pouvoit en recueillir le fruit , que je devois me
propofer cette vengeance. Que me fervira-t-
elle à prefent ? helas, qui éprouva jamais de fi
cruels chagrins ? j'ai vû ravir d'entre mes bras,
& égorger à mes yeux un Epoux que j'aimois ,
deux fils dans l'âge le plus tendre ; un feul m'é-
toit refté, je l'arrachai de mon fein pour le
fauver de la mort , & je l'envoyai loin de moi,
je me privai du plaifir de le voir croitre fous
mes yeux , & d'etre témoin des jeux de fon
enfance. Depuis ce jour, j'ai toujours vécu dans
les pleurs; il étoit fans ceffe prefent à mon efprit avec cet air aimable qu'il avoit , lorfque je
le mis entre les mains d'un Efclave fidelle. Que
de nuits paffées dans les larmes ! que de foupirs
amers ! que de vœux ardens ! Enfin il étoit en
état de terminer mes malheurs. Deja je formois des projets pour le remettre fur fon Trône , déja je croyois l'inftruire dans l'art de regner par l'exemple de fon vertueux pere, infor-

Lacerato, insepolto, a i pesci in preda,
Qual vil bifolco da torrente oppresso......

POL. Non cetre, ò lire mi fur mai sì grate,
Quant' era il flebil suon di questi lai,
Che del spento rival fan certa fede.

MER. Mà perche dunque, ô Dei, salvarlo all' ora?
Perchè fin' ora conservarlo? ahi lassa,
Perche tanto nodrir la mia speranza?
Che non farlo perir ne' dì fatali
Della nostra ruina, all' ora quando
Il dolor della sua con il dolore
Dell' altrui morti si saria confuso?
Mà voi studiate crudeltà; pur' ora
Sù'l traditor sietti con l' asta, e voi
Mi confondeste i sensi, ond' io rimasi
Quasi fanciulla: mi si niega ancora
L' infelice piacer d'una vendetta;
Cieli, che mai fec' io? ma tu, che tutto
Mi togliesti, la vita ancor mi lasci?
Porche, se godi sì del sangue, il mio
Ricusi ancor? per mio tormento adunque
Vedremti infino diventar pietoso?
Tal già non fosti col mio figlio. O stelle!
Se del soglio temevi; in monti, e in selve
A menar, frà pastori, oscuri giorni
Chi ti vietava il condannarlo? io paga
A bastanza sarei, sol ch' ei vivesse.
Che m' importava del regnar? crudele
Tienti il tuo regno, e'l figlio mio mi rendi.

tunée que je fuis ! j'avois choifi jufques à fon
Epoufe ; & voilà que, par un coup imprévû, la
barbare, l'inexorable mort me l'enleve pour
jamais, fans que je puiffe le voir une feule fois,
fans que je puiffe au moins en recueillir les cendres ! Il refte percé, déchiré, fans fépulture,
la proye des poiffons, englouti par les eaux
d'un torrent, tel qu'un vil Laboureur.....

Pol. Non jamais les plus parfaits concerts
n'ont flatté mon oreille, comme ces fons plain-
tifs & douloureux qui m'affurent de la mort
d'un rival redoutable.

Mer. Mais, ô Dieux, pourquoi donc l'a-
viez-vous fauvé ? pourquoi l'avoir confervé
jufqu'à ce jour ? pourquoi avoir nourri fi long-
temps mon efperance ? pourquoi ne l'avoir pas
enlevé au jour fatal de notre ruine ? alors, la
douleur de fa mort fe confondant avec mes autres pertes, elle m'eût peut-être été moins fenfible. Mais vous euffiez crû n'être pas affez
cruels. J'étois il n'y a qu'un moment prête à
percer le traitre ; & vous, Dieux barbares vous
m'avez ôté la raifon. Le trouble que vous m'a-
vez infpiré m'a retenu le bras ; j'ai montré la
foibleffe d'une jeune fille. Oh Ciel ! quel crime
avois-je commis contre toi, pour me refufer
ainfi le plaifir malheureux d'une vengeance fi
jufte ? mais toi, qui m'as ravi tout ce que j'a-
vois, me veux-tu laiffer la vie, puifque tu es
alteré de notre fang, pourquoi refufes-tu le
mien ? c'eft donc pour augmenter mes maux,
que tu deviendras fenfible à la pitié ? Helas ! tu
ne l'as pas été pour mon fils. Si tu craignois
pour ton Trône, ne pouvois-tu le condamner
à mener une vie obfcure parmi les Paftres dans
les Forêts les plus fombres, fur les montagnes

POL. *Il pianto femminil non hà misura ;*
Cessa, Merope, omai, le nostre nozze
Ristoreran la perdita, e in brev' ora
Tutti i tuoi mali copriran d' oblio.

MER. *Nel sempiterno oblio saprò ben tosto*
Portargli io stessa ; mà una grazia sola
Donami, ô Giove : fà ch' io non vi giunga
Ombra affatto derisa, e invendicata.

Fine dell' Atto Terzo.

ATTO QUARTO.
SCENA I.
ADRASTO, ISMENE.

ADR. *IN somma, tutto si ristringe in questo,*
Che se diman non cangerà pensiero,
E se pronta à seguir la regia voglia
Non mostrerassi, tutti i suoi più cari,
Tutti gli antichi amici à me ben noti
Saranne a forza strascinati innanzi,
E ad uno ad uno, sotto gli occhi suoi,
Saron svenati. Quest' e ciò, che imposto
Hà il Rè, ch' io à te, e che tu poscia à lei
Senz' altro rechi.
   ISM. *O ferità inaudita !*
O non più intesi di barbarie esempi !

les plus défertes ? je ferois trop contente s'il vivoit. Que me ferois-je fouciée de ton Trône ? ah cruel, garde-le ce Trône, & rens-moi mon fils.

Pol. Les pleurs d'une femme ne peuvent fe moderer. Madame, mettez fin à votre douleur. Notre Hymen va réparer toutes vos pertes ; & bien-tôt il vous ôtera le fouvenir de tous vos malheurs.

Mer. Ah, je le porterai jufques dans la nuit éternelle. Mais Jupiter, accorde-moi une feule grace ; fais que mon ombre ne defcende pas aux enfers méprifée, & fans être vengée.

Fin du troifiéme Acte.

ACTE QUATRIE'ME.

SCENE I.

Adraste, Ismene.

Adr. ENfin, je n'ai plus qu'un feul mot à te dire. Si demain elle n'a point changé de penfée, fi elle n'eft point prête à confentir aux defirs du Roi, ceux qui lui font reftez fidelles, & dont aucun ne m'eft inconnu, tous les anciens amis de fa maifon feront conduits devant elle chargez de fers, pour être égorgez à fes yeux. Voilà ce que le Roi m'ordonne de te dire ; voilà tout ce que tu dois reporter à ta maîtreffe.

Ism. Ah, quel coup inattendu ! quel exemple inoüi de barbarie !

Adr. *Non si dolga del mal chi' l ben ricusa.*

Ism. *Ahi questo è un ben, che tutti i mali avanza?*

Adr. *Il vano immaginar fà inganno à i sensi,*
E d' ogn' alto gioir sà far dolore.

Ism. *Gioir ti sembra il soffrir nozze in tempo*
Che tutto ciò, che vede, e ciò che ascolta,
Non le desta nel seno altro che pianto?

Adr. *Di lei così han disposto il Cielo, e' l Fato.*

Ism. *Il Ciel l' hà anbandonata, e' l Fato oppressa.*

Adr. *Quanto passò taccia una volta, e oblii.*

Ism. *Può ben tacere, mà obliar non puote;*
Che' l silenzio è in sua man, mà non l' oblio.

Adr. *Di se si dolga chi al peggior s' appiglia.*

Ism. *Nulla è peggio per lei del Rè crudele.*

Adr. *Crudel chi le offre onor, gioia, e diletto?*

Ism. *Diletto amaro à chi col cor ripugna.*

Adr. *Perchè ripugna à cio, ch' ogn' altra brama?*

Ism. *Ella brama più tosto e strazio, e morte.*

Adr. *Sì, se non fosse morte altro che un nome.*

ADR. Qui refuse le bonheur qui lui est offert, doit-il se plaindre des maux qu'il se fait à lui-même ?

ISM. Ah quel bonheur ! les maux les plus cruels lui seroient préferables.

ADR. Une chimere vaine aveugle ton esprit, & te fais regarder le sort le plus heureux comme un grand tourment.

ISM. Hé quoi, tu nommes un sort heureux un Hymen offert dans un tems où tout ce qu'elle voit, tout ce qu'elle entend, tous les objets qui la frappent, irritent la douleur dont son cœur est déchiré.

ADR. Tel est l'arrêt que les Dieux & le destin ont prononcé contr'elle.

ISM. Ah, les Dieux l'ont abandonnée ; le destin a épuisé son couroux sur elle.

ADR. Qu'elle garde enfin le silence sur tout ce qui est passé, qu'elle en perde le souvenir.

ISM. Elle peut bien taire ses malheurs, mais non les effacer de sa memoire. Il dépend d'elle de n'en point parler, mais non pas de l'oublier.

ADR. Qu'elle ne se plaigne que d'elle-même; c'est elle seule qui se fait un sort si malheureux.

ISM. Quel malheur peut égaler dans son cœur l'Hymen d'un barbare ?

ADR. Un barbare, qui lui offre le repos, la gloire & les plaisirs !

ISM. Les plaisirs sont amers à ceux dont le cœur refuse de les goûter.

ADR. Pourquoi refuser un sort desiré par tant d'autres ?

ISM. Elle lui préferera plûtôt la mort & les tourmens.

ADR. Elle ne connoit encore que le nom de la mort.

Ism. *La virtù di costei tu non conosci.*

Adr. *Dunque, se di virtù cotanto abbonda,*
Facciam una virtù conforme al tempo.
Già per disporsi ella non ha che questa
Omai disteja notte: se tu l'ami,
Qual mostri, fà, che il suo miglior discerna,
E che i suoi fidi non esponga à morte.
Pazzo è 'l nocchier, che non seconda il vente.

SCENA II.

I s m e n e, poi E g i s t o.

Ism. D Eh qual fine avrà mai l'amaro gioco,
    Che di quell' infelice la fortuna
Si và prendendo? di veder già parmi,
Che sian giunti à quel punto, ov' ella omai
Contro se stessa sue minacce adempia,
Funestandoci or' or col proprio sangue
E gli occhi, e 'l core: ò lagrimevol sorte!

Egi. *Deh, se t' arrida il Ciel, leggiadra figlia,*
Dimmi ti priego; chiude ancor sì atroce
Merope contra me nel cor lo sdegno?
Lungo esser suole in regio cor lo sdegno,
Ed io ne temo sì, ch' ogni momento
Mi par d'averla con quell' astra al fianco;
E quest' ora notturna, in cui riposo
Penso, che prenda, m' assicura à pena.

Ism. *Sgombra il timor; vano timor, che troppo*

Ism. Ah, son cœur ne t'est pas bien connu.

Adr. Hé bien, si son courage est si grand,
qu'il lui apprenne à s'accommoder au temps.
Elle n'a plus que cette seule nuit pour se dispo-
ser à l'Hymen. Si tu l'aime comme tu le montre, fais-lui connoître le meilleur parti ; em-
pêches-la d'exposer à la mort ce qui lui reste
d'amis ; enfin, songe qu'un Pilote est insensé,
de ne pas s'accommoder au vent.

SCENE II.

ISMENE seule, puis EGISTE qui survient.

Ism. FOrtune barbare ! ne cesseras-tu jamais
de poursuivre une Infortunée ? quel jeu
cruel te fais-tu d'accroître les malheurs ? Hélas, je suis arrivée à l'instant fatal où cette
Reine infortunée executant les résolutions
qu'elle a prises contre elle-même, va se percer
le cœur, & repaître ses yeux du spectacle funeste de son sang versé par ses propres mains !
oh déplorable fort !

Egi. Aimable fille, au nom des justes Dieux
qui vous soient toûjours propices, daignez me
dire, je vous en conjure, le cœur de Merope
conserve-t-il encore contre moi ce couroux
violent qu'elle m'a témoigné ? le couroux des
Rois irritez s'appaise mal-aisément. Que j'en
redoute les effets ! je croi sans cesse la voir, le
Javelot à la main, prête à me percer le sein.
A peine cette heure avancée de la nuit, pendant laquelle la Reine est sans doute livrée au
sommeil, peut-elle me rassurer.

Ism. Bannis cette vaine crainte; ce sentiment

Fà torto à lui, che regna, e à te fà scudo.
  EGI. Ciò mi rincora, sì; mà per mia pace
Impetrami da lei, figlia cortese,
Di qual' error non sò, mà pur, perdono.

  ISM. Uopo di ciò non hai; perché il furore,
Contra di te dentro il suo cor già acceso,
Per se si dileguò.
  EGI. Grazie à gli Dei.
Ma di tanto furor, di tanto affanno
Qual' ebbe mai cagion? da i tronchi accenti
Io raccoglier non seppi il suo sospetto:
Certo ingombrolla error', e per un vile
Ladron selvaggio in van si cruccia.

  ISM. Il tutto
Scoprirti io non ricuso; mà egli è d' uopo
Che qui t' arresti per brev' ora: urgente
Cura or mi chiama altrove.
  EGI. Io volontieri
T' attendo quanto vuoi. ISM. Mà non partire,
E non far sì, ch' io quà ritorni indarno.
  EGI. Mia fè dò in pegno; e dove gir dovrei?
Per consumar la notte, e alcun ristore
Per dar col sonno al travagliato fianco,
E à gli afflitti pensier', io miglior loco
Di quest' atrio non hò, dove adagriarmi
Chercherò in alcun modo, e dove almeno
Dal freddo della Luna umido raggio
Sarò difeso.

  ISM. Io dunque à te frà poco
Farò ritorno.

offenſe trop le Roi, dont l'autorité te protege.

Eɢɪ. Sa promeſſe me raſſure ; mais, pour rendre mon repos plus parfait, obligeante fille, obtenez-moi le pardon d'une faute qui ne m'eſt pas connue.

Isᴍ. Tu n'as plus beſoin de ce pardon, puiſque cet ardent couroux allumé contre toi dans ſon cœur, s'eſt éteint de lui-même.

Eɢɪ. J'en rens graces aux Dieux ; mais d'où pouvoit naitre cette fureur ? qui cauſoit ces tranſports dont elle étoit agitée ? ſes diſcours interrompus ne m'ont pû decouvrir la ſource de ſes ſoupçons : ſans doute . une vaine erreur l'a ſéduite ; elle s'intereſſe ſans raiſon au ſort d'un lâche & farouche aſſaſſin.

I ᴍ. Je ne refuſe point de te découvrir tout ; mais il faut que tu t'arrètes ici pour quelques inſtans : un ſoin preſſant m'appelle preſentement ailleurs.

Eɢ·. Oui, je vous attendrai volontiers autant que vous voudrez.

Isᴍ. Mais ne pars point, & ne me fais point revenir inutilement en ce lieu.

Eɢɪ. Je vous en donne ma parole. Et où pourrois-je aller ? Pour paſſer la nuit & chercher dans le ſommeil quelque relâche à mon corps, également abbattu des fatigues de la journée, & des chagrins que j'ai eſſuyés, je ne puis trouver un lieu plus commode que ce Veſtibule, où je tâcherai de m'accommoder ; du moins . j'y ſerai à couvert des froids & humides rayons de la Lune.

Isᴍ. Je reviens donc à toi dans un moment.

S C E N A III.

E G I S T O.

O Di perigli piene,
	O di cure, e d'affanni ingombre, e cinte
Cafe dei Rè! mio paftoral ricetto,
Mio paterno tugurio, e dove fei?
Che viver dolce in folitaria parte,
Godendo in pace il puro aperto Cielo,
E de la terra le natie richezze!
Che dolci fonni al fuffurrar del vento,
E qual piacer forger col giorno, e tutte
Con lieta caccia affaticar le felve,
Poi ritornando nel partir del Sole
A i genitor, che ti fi fanno incontra,
Moftrar la preda, e raccontare i cafi
E defcrivere i colpi! Ivi non fdegno,
Non timor, non invidia, ivi non giunge
D'affannofi penfier tormento, ò brama
Di dominio, e d'onor. Folle configlio
Fù ben il mio, che tanto ben lafciai
Per gir vagando: ò paftoral ricetto,
O paterno tugurio, e dove fei?
Ma in quefto acerbo di fù tanta, e tale
La fatica del piè, del cor l'affanno,
Che da ftanchezza eftrema omai fon vinto.
Ben' opportuni fon, fe ben di marmo,
Quefti fedili: ò quanto or caro il mio
Letticiuol mi faria! che lungo fonno
Vi prenderei! quanto è foave il fonno!

SCENE IV.

SCENE III.

EGISTE.

PAlais des Rois, que vous êtes pleins de dangers! les foins, les inquietudes vous afﬁegent & vous rempliﬀent fans ceﬀe. Retraite champêtre, cabane de mon pere, helas! qu'êtes-vous devenus? aimable folitude, où je jouiﬀois en paix de toutes les beautez d'un Ciel pur & ferain, & des riches trefors de la Campagne, où êtes-vous? quel charme de s'endormir au doux murmure des Zephirs, & de se réveiller avec l'aurore, pour paﬀer le jour à chaﬀer dans les Foréts! Au coucher du foleil, on s'en retourne, pour montrer à un pere que fa tendreﬀe amene au devant de vous, le butin de la journée; lui raconter les hazards de la Chaﬀe, & lui décrire les coups que l'on a faits. On ne voit là ni couroux, ni crainte, ni jalouﬁe. Les chagrins dévorans, la foif des grandeurs, & l'envie de commander font bannis de ces lieux. Quel imprudent deﬀein je formai de quitter ces biens que je poﬀedois, pour mener une vie errante & vagabonde! Retraites paﬀorales, Cabane de mon pere, helas! qu'êtes-vous devenus? mais je fens que je fuccombe fous le poids des travaux que mon corps a eﬀuyés dans ce jour cruel, & fous celui de l'inquietude dont mon cœur a été fans ceﬀe agité. Ces fieges s'offrent à propos, malgré la dureté & la froideur du marbre qui les forme. Helas, que mon lit ruﬀique me feroit cher maintenant! j'y goûterois un fommeil non interrompu.....Que le fommeil a de charmes!.....

SCENA IV.

EURISO, POLIDORO.

EUR. Eccoti, ó peregrin, qual tu chiedesti
Nel palagio real : per queste porte
Alle stanze si passa, ove chi regge
Suol far dimora ; penetrar più oltre
A te non lice. Mà perchè da gli occhi
Cader ti veggio in sù le guance il pianto?
   POL. O figlio, se sapessi, quante dolci
Memorie in seno risvegliar mi sento !
Io vidi un tempo, io vidi questa Corte,
E riconosco il loco : anche in quel tempo
Così soleasi illuminar la notte.
Mà all' or non era io gia, qual' or mi vedi ;
Fioria la guancia ; e per vigore, o fosse
Nel corso, e in aspra lotta, al più robusto,
Al più legger non la cedea : ma il tempo
Passa , e non torna. Or' io de la benigna
Scorta, che fatta m' hai, quante più posso
Grazzie ti rendo.

   EUR. Assai più volontieri
Ne le mie case io t' averei condotto,
Perchè quivi le membra tue, cui rende
L'età più del cammino afflitte , e lasse,
Ristorar si potessero. POL. Io ti priego
Di qui lasciarmi. E non vuoi tu, ch' io sappia,
Di chi mi fu così cortese, il nome?

   EUR. Euriso di Nicandro. POL. Di Nicandro,
Ch' abitava sù'l colle, e che sì caro
Era al buon Rè Cresfonte? EUR. Per l'appunto.

que je fois connu ici de peu de gens,& que peut-
étre je n'y ferai fufpect à perfonne, il fera
néanmoins plus prudent de me glifler fecrete-
ment dans l'Appartement du Roi. Je puis cependant prendre quelque repos en ce lieu.
Mais je voi là un Efclave qui dort. Quel mouvement excite dans mon cœur cet habit qui a
frappé mes yeux ! Ne puis-je m'éclaircir en
voyant fon vifage que me couvre fon bras ?
mais j'entens quelqu'un qui s'approche ; je vois
ouvrir cette porte, il faut que je me cache.

SCENE VI.

ISMENE, puis MEROPE qui furvient
une Hache à la main.

Ism. MAdame , attendez, je vous prie ,
ici....Mais quoi? je ne le vois plus.
J'ai eu grand tort d'efperer qu'il me tiendroit
fa parole, & je m'abufois bien de croire qu'il
feroit affez fimple pour fe laifler conduire dans
ce lieu ? J'ignore où je dois le chercher ; mais
taifons-nous, je le vois enfeveli dans un profond fommeil. Sortez, Madame, fortez fans
plus attendre ; le voici qui s'eft endormi.
  MER. De quel côté eft-il ?
  ISM. Regardez , Madame, voyez fi la fortune pouvoit vous l'offrir dans un état plus propre à vos deffeins.
  MER. Il eft vrai : enfin les juftes Dieux l'ont
conduit à fon fupplice.Ombre chere & defolée,
mânes de mon fils reftées fans vengeance jufques à ce moment, prenez cette victime , recevez ce fang que ma main va répandre pour
vous appaifer.

Prendi, che per placarti a terra io spargo.

SCENA VII.

POLIDORO, Detti.

Pol. FErma, Reina: oimè! ferma, ti dico.

Mer. Qual temerario?
Egi. O Dei! ô Dei, soccorso,
Pur' ancor questa furia?
Mer. Sì sì fuggi.
Pol. T' arresta, oimè, t' accheta.
Mer. Fuggi pure
A questa volta ancor: da queste mani
Non sempre fuggirai; non se credessi
Di trucidarti à Polifonte in braccio.
Pol. O Dei, che non m' ascolti?
Mer. Mà, tu pazzo,
Tu pagherai … La tua canizie il colpo
M' arresta; e qual delirio? e quale ardire?
Pol. Dunque più non conosci Polidoro?

Mer. Che? Pol. Si, t' accheta; ecco il tuo
servo antico;
Quegli son' io; e quei, che uccider vuoi,
Quegli è Cresfonte, è 'l figlio tuo.

Mer. Che! vive?
Pol. Se vive? no 'l vedesti? non vivrebbe
Già più, s' io qui non era.
Mer. Oimè! Pol. Sostienla,
Sostienla, ó figlia. L' allegrezza estrema,
E l' improviso cangiamento al core
Gli spirti invola: tosto usa, se l' hai,
Alcun suco vital'; or ben t' adopri.

SCENE VII.

POLIDORE, MEROPE, EGISTE, ISMENE.

POL. ARrête, Reine : O Dieux! arrête, te dis-je.

MER. Quel est ce téméraire?

EG. Oh Dieux! oh Dieux secourez-moi. Hé quoi, toûjours cette redoutable furie?

MER. Va, va, fuis.

POL. Arrêtez; oh Dieux! calmez-vous.

MER. Oüi, fuis encore pour cette fois : tu n'échaperas pas toûjours de ces mains. Non, quand je devrois te percer dans les bras de Polifonte.

POL. Oh Dieux, elle ne m'écoute pas.

MER. Et toi, insensé, tu payeras....mais ta vieillesse retient mon bras. Quelle fureur? quelle audace est la tienne?

POL. Hé quoi, Madame, vous ne connoissez plus Polidore?

MER. Quoi?

POL. Oüi, Madame, calmez ce transport; c'est votre ancien Esclave; oüi, c'est moi. Celui que vous voulez tuer, c'est Cresfonte, c'est votre fils.

MER. Quoi! il est donc vivant?

POL. S'il est vivant? hé quoi, ne l'avez-vous pas vû? Helas, si je n'étois en ce lieu, il ne vivroit plus.

MER. Oh Dieux! (*Elle s'évanoüit.*)

POL. Soûtenez-là, ma fille, l'excès de sa joye & le subit changement de sa fortune lui causent ce saisissement de cœur qui la fait éva-

Quanto ringrazio i Dei, che à si grand' uopo
Trassermi, e fer, ch' io differir non volli
Pur un momento a entrar qui dentro, ô quale,
S' io qui non era, empio, inaudito, atroce
Spettacolo ! Is M. *Son' io tanto confusa*
Frà l' allegrezza, e lo stupor, che quasi
Non sò quel ch' io mi faccia. O mia Reina,
Torna, fà core, ora è di viver tempo.

Pol. *Vedi, che già si muove; or si riscuote.*

Mer. *Dove? dove son' io? sogno? vaneggio?*

Is M. *Nè sogni, nè vaneggi: eccoti innanzi*
Il fedel Polidor, che t' assicura
Del figlio tuo, non vivo sol, mà sano,
Leggiadro, forte, e posso dir presente.

Mer. *Mi deludete voi? se' veramente*
Tu Polidoro? Pol. *Guarda pur, rimira;*
Possibile, che ancor non mi ravvisi,
Se ben di queste faci al dubbio lume?
A te venuto er' io, perchè in più parti
A cercar di Cresfonte, e perchè insieme....

Mer. *Sì, che se' desso; sì, ch' io ti ravviso,*
Benchè invecchiato di molto. Pol. *Ma, il tempo*
Non perdona.

Mer. *E m' accerti, ch' è il mio figlio*

noüir. Si tu as quelque fuc bien faifant, employe-le promptement pour rappeller fes fens. (*Ijmene la fecourt.*) Bon, ce que tu lui fais là eft bien. Que je rens graces aux Dieux de m'avoir conduit ici dans ce preffant befoin, & de n'avoir pas permis que j'aye retardé mon entrée en ces lieux ! Helas, quel fpectacle épouvantable d'horreur & de cruauté, fi je ne m'y fuffe trouvé !

Is m. Troublée par la joie & par la furprife, je ne fçai plus ce que je dois faire.. Ah, Madame, revenez à vous, courage, c'eft maintenant qu'il faut fonger à vivre.

Pol. Tu vois qu'elle fe remue, & qu'elle ouvre les yeux.

Mer. Où fuis-je ? eft-ce un fonge trompeur? eft-ce une chimere vaine ?

Is m. Non, Madame, ce n'eft ni un fonge, ni une vaine erreur : vous voyez ici le fidelle Polidore ; il vous affure que votre fils eft non-feulement vivant, mais plein de fanté, aimable, vaillant, & je puis dire prefent à vos yeux.

Mer. Me trompez-vous ? eft-ce bien toi, Polidore ?

Pol. Obfervez, Madame, regardez. La lumiere de ces flambeaux, toute foible qu'elle eft, ne vous éclaire-t-elle pas affez, pour que vos yeux reconnoiffent Polidore ? J'étois venu vous trouver, afin qu'après avoir cherché Cresfonte en plufieurs lieux, nous puiffions enfemble.....

Mer. Oüi, c'eft toi-même ; oüi, je te reconnois, quoique l'âge ait changé tes traits.

Pol. Madame, le temps n'épargne perfonne.

Mer. Tu m'affures que ce jeune homme eft mon fils ?...ne te trompes-tu point ?

Quel giovinetto? e non t' inganni? POL. *Come
Ingannarmi? pur' or là addietro stando,
Del suo sembiante, che da quella parte
Tutto io scopria, saziati hò gli occhi. Or quale
Impero sfortunato, e qual destino
T' accecava la mente?* MER. *O caro servo,
Empia faceami la pietà: del figlio
Il figlio stesso io l'uccisor credea;
S' accopiar cento cose ad ingannarmi:
E l'anel, ch' io ti diedi, ad un garzone
Da lui trafitto, altri asseri per certo,
Ch' ei rapito l'avesse.* POL. *Et da me l'ebbe,
Benche con ordin d' occultarlo.* MER. *O stelle!
E sarà ver, che il sospirato tanto,
Che il sì bramato mio Cresfonte al fine
Sia in Messene? e ch' io sia la più felice
Donna del Mondo?* POL. *Tu di tenerezza
Fai lagrimar me ancora. O sacri nodi
Del sangue, e di natura! quanto forti
Voi siete, e quanto il nostro core è frale!*

MER. *O Cielo! ed io strinsi due volte il ferro,
Ed il colpo librai: viscere mie!
Due volte, Polidor, son' oggi stata
In questo rischio. Nel pensarlo tutta
Mi raccapriccio, e mi si strugge il core.*

ISM. *Con così strani avvenimenti uom forse
Non vide mai favoleggiar le scene.*
MER. *Lode a i pietosi eterni Dei, che tanta
Atrocità non consentiro; e lode,
Cintia triforme, à te, che tutto or miri
Dal bel carro spargendo argenteo lume.
Mà dov' è 'l figlio mio? da questa parte
Fuggendo corse; ov' è si sia, trovarlo
Saprò ben' io: mia cara Ismene, i' credo,*

Pol. Comment pourrois-je m'y tromper ?
De cet endroit où je m'étois retiré, son visage,
que je découvrois tout entier, a rassasié mes
avides regards. Mais vous, quel fatal emportement, quel caprice du sort vous aveugloit ?

Mer. O trop fidel Esclave, la tendresse me
rendoit cruelle, & je poursuivois sur mon propre fils le meurtre de mon fils. Cent choses se
sont réunies pour me tromper ; & on m'assuroit
qu'il avoit ôté à un jeune homme qu'il a fait
périr le même anneau que je t'avois donné.

Pol. Je lui ai donné cet anneau, mais avec
ordre de le cacher.

Mer. Astres bien faisans, est-il donc vrai
que ce Cresfonte, la cause de tant de soupirs,
est enfin dans Messene, & que je suis la plus
heureuse femme de l'Univers ?

Pol. L'excès de votre amour me fait verser
des larmes. O liens sacrez du sang & de la nature, que vous avez de force, & que notre
cœur est foible contre vous !

Mer. O Ciel ! & j'ai deux fois pris le fer,
deux fois j'ai levé le bras contre mon propre
sang ! Oui, Polidore, deux fois en ce jour je
me suis vue exposée à ce peril. La seule pensée
m'en fait frissonner d'horreur ; mon cœur en
fremit.

Ism. Non, jamais on n'a vû de si surprenans
évenemens, même sur nos Theatres.

Mer. Dieux immortels, Dieux pitoyables,
que je vous dois de graces ! vous n'avez pas
voulu consentir à ce crime. Triple Divinité,
puissante Diane, qui de dessus votre Char bril-
lant d'une lumiere éclatante, êtes le témoin de
tout ce qui se passe en ces lieux, recevez les
vœux que je vous offre...Mais où est mon fils ?

Che morrò di dolcezza in abbracciarlo,
In stringerlo, in baciarlo. POL. Ove ten corri?

MER. Perchè m' arresti ?
POL. Stà. MER. Lascia. POL. Vaneggi :
Non ti sovvieni tu, ch' entro la reggia
Di Polifonte or sei? che sei frà mezzo
A' suoi custodi, ed a' suoi servi? un solo
Che col garzon ti veggia in tenerezza,
Dimmi, non siam perduti? in maggior rischio
Ei non fù mai ; nè ci fù mai mestieri
Di più cautela. Dominar conviene
I proprj affetti ; e chi non sa por freno
A quei desir , che quasi venti , ogn' ora
Van dibattendo il nostro cor , non speri
D' incontrar, finchè vive, altro che pianto.
Non sol da l'abbracciarlo, mà guardarti
Con gran cura tu dei dal sol vederlo ;
Perchè il materno amor l' argin rompendo
Non tradisca il segreto, ed in un punto
Di tant' anni il lavor non getti a terra.
Ma perch' ei sappia contenersi, io tosto
L' esser suo scoprirogli, e d' ogni cosa
Farollo istrutto. Co' tuoi fidi poi
Terrem consiglio, e con maturo ingegno
Si studierà di far scoccare il colpo.
Tutto s' ottien , quando prudenza è guida ?
Per altro assai sovente i gravi affari
Con gran sudor per lunga età condotti
Veggiam precipitar sù'l fine ; e sai,
Non si lodan le imprese, che dal fine ;
E se ben molto e molto avesse fatto,
Nulla hà mai fatto chi non compie l' opra.

il a fui de ce côté ; en quelque lieu qu'il ſoit,
je ſçaurai bien le trouver. Ah, ma chere Iſine-
ne, j'expirerai de joye dans ſes bras, & par la
douceur de ſes baiſers.

PoL. Madame, où courez-vous ?

MER. Pourquoi me retenir ?

PoL. Arrêtez.

MER. Non, laiſſez-moi.

PoL. Quelle erreur eſt la vôtre ? oubliez-
vous que c'eſt ici le Palais de Polifonte ? que
vous êtes entourée de ſes Gardes & de ſes Eſ-
claves ? Qu'un ſeul d'entr'eux ſoit témoin de
votre tendreſſe pour ce jeune homme, nous
ſommes tous perdus. Jamais il ne fut dans un
plus grand danger ; jamais il ne fut beſoin de
plus d'attention. Il faut ſurmonter cette tendreſſe. Celui qui ne ſçait pas maitriſer les deſirs,
qui, comme des vents furieux, agitent ſans ceſſe notre cœur, doit s'attendre à ne trouver jamais que des ſujets de pleurs. Madame, non-
ſeulement vous devez fuir les careſſes de Cresfonte, mais vous devez même éviter ſa vûe.
Craignez de ne pouvoir contenir l'amour maternel ; craignez qu'il n'éclate malgré vous ; &
que, trahiſſant votre ſecret, il ne ruine en un
moment l'ouvrage de tant d'années. Mais afin
qu'il ſçache auſſi ſe contraindre de ſon côté, je
lui découvrirai moi-même ſa naiſſance, & je
l'inſtruirai de tout. Nous délibererons après,
avec vos plus fidelles amis, & par leurs ſages
conſeils nous prendrons de juſtes meſures pour
porter des coups certains au Tyran. On vient
à bout de tout, quand la prudence nous guide.
Sans elle, les plus importans deſſeins, mé-
nagez avec ſoin pendant pluſieurs années, ſont
ſouvent renverſez au moment de l'execution.

MER. *O fido servo mio, tu se' pur sempre*
Quel saggio Polidor. POL. *Non tutti i mali*
Vecchiezza hà seco; che restando in calma
Da le procelle de gli affetti il core,
Se gli occhi fischi son, chiara è la mente,
E se vacilla il piè, fermo è 'l consiglio.

MER. *Or dimmi, il mio Cresfonte è vigoroso?*

POL. *Quanto altri mai.*
    MER. *Hà egli cor?* POL. *Se hà core?*
Miser colui, che farne prova ardisse.
Era suo scherzo il travagliar le selve,
E 'l guerreggiar le più superbe fere.
In cento incontri e cento io mai non vidi
Orma in lui di timor. MER. *Mà sarà forse*
Indocile, e feroce? POL. *Nulla meno.*
Ver noi, ch' egli credea suoi genitori,
Più mansueto non si vide: ó quante
E quante volte in ubbidir sì pronto
Scorgendolo, e sì umil meco, pensando,
Ch' egli era pure il mio signor', il pianto
Mi venia fino à gli occhi, e m'era forza
Appartarmi ben tosto, ed in segreto
Sfogare a pieno il core, lasciando aperto
A le lagrime il corso. MER. *O me beata!*
Non cape entro il mio contento.
E ben di tutto ciò veduto hò segni;
Che sì umil favellar, sì dolci modi
Meco egli usò, che nulla più: ma quando
Altri afferrar lo volle, ó se veduto
L'avessi! ei si rivolse qual Leone;

C'est pourtant le succès qui fait seul le merite des entreprises ; & quoique l'on ait fait, on n'a jamais rien fait si l'on n'accomplit son ouvrage.

MER. Fidele ami, tu es toûjours le sage Polidore.

POL. Madame, la vieillesse ne traîne pas tous les maux avec elle. Dans cet âge, le cœur est tranquille & libre des passions qui l'agitoient dans la jeunesse ; & si les yeux s'obscurcissent, si les forces diminuent, l'esprit en devient plus clair-voyant, la prudence est plus affermie.

MER. Mais, dis-moi, mon cher Cresfonte est-il robuste ?

POL. Jamais on ne le fut davantage.

MER. Est-il courageux ?

POL. S'il est courageux ? malheur à qui voudroit en faire l'épreuve. Son unique plaisir étoit de parcourir les Forêts, & d'attaquer les monstres les plus farouches. En cent & cent rencontres, je ne lui ai jamais vû les moindres marques de crainte.

MER. Mais, il est peut-être feroce & indocile ?

POL. Ah, point du tout. Quelle complaisance n'avoit il pas pour nous, qu'il croyoit ses parens ? Helas, combien de fois en voyant son obéissance & sa soumission pour moi, & songeant cependant qu'il étoit mon maitre, mes yeux se sont remplis de larmes ! Combien de fois ai-je été forcé de le quitter, pour chercher un lieu où je pusse soulager mon cœur en liberté, & laisser couler mes pleurs sans contrainte !

MER. Quel bonheur est le mien ! non, mon cœur ne peut contenir la joie qui le possede. J'ai vû des marques de tout ce que tu me dis. Rien ne peut approcher de la soumission avec laquelle il me parloit, ni des manieres pleines

E se ben cesse al mio comando, ei cesse
Quasi mastin, cui minacciando è sopra
Con dura verga il suo Signor, che i denti
Mostra, e raffrena, e in ubbidir feroce
S'abbassa, e ringhia, e in un s'umilia, e freme.
O destino cortese, io ti perdono
Quanti mai fur tutti i miei guai: sol forse
Perdonar non ti sò, ch' or' io non possa
Stringerlo à mio piacer, mirarlo, udirlo.
Mà quale, ò mio fedel, qual potrò io
Darti già mai mercè, che i merti agguagli.

Pol. *Il mio stesso servir fù premio; ed ora
M'è, il vederti contenta, ampia mercede.
Che vuoi tu darmi? io nulla bramo: caro
Sol mi saria ciò, ch' altri dar non puote.
Che scemato mi fosse il grave incarco
De gli anni, che mi stà sù'l capo, e à terra
Il curva, e preme sì, che parmi un monte.
Tutto l' oro del mondo, e tutti i regni
Darei per giovinezza.* Mer. *Giovinezza
Per certo è un sommo ben.* Pol. *Mà questo bene
Chi l'ha, no'l tien, che mentre l'ha, lo perde.*

Mer. *Or vien, che farai lasso, e di riposo
Sommo bisogno avrai.* Pol. *M'è intervenuto
Qual suole al cacciator; che al fin del giorno
Si regge à pena, e à pena oltre si spinge:
Mà se à sorte sbucar vede una fera
Donde meno il credeva, agile, e pronto
Lo scorgi ancora; e de' suoi lunghi errori*

de douceur qu'il me faifoit voir. Mais lorfque
d'autres voulurent l'enchainer, ah, fi tu l'avois
vû ! il fe défendoit avec le courage d'un Lion.
Il ceda à mes commandemens ; mais il y ceda
comme un mâtin cede à fon maitre qui le menace le bâton à la main. Dans le même temps
le fier animal montre & cache fes dents & feroce jufques dans fa foumiffion, il frémit encore en s'abaiffant aux pieds de celui a qui il obéit.
Ah, favorable deftin, je te pardonne tous mes
malheurs paffez ; & s'il me refte quelque dépit
contre toi, ce ne fera que parce que dans ces
premiers momens je ne puis embraffer mon fils,
le voir & l'entendre, comme je le fouhaiterois.
Mais cher Polidore, comment pourrai-je reconnoitre les foins que tu as pris ? quelle récompenfe pourra les égaler ?

P o l. Ces foins font eux-mêmes ma récompenfe. La joie dont je vous vois tranfportée eft
un affez grand prix pour moi. Hé ! que pourriez-
vous me donner ? je ne defire rien. Une feule
chofe me feroit chere ; mais elle ne dépend
point du pouvoir humain. Ce feroit de mé voir
diminuer le pefant fardeau de tant d'années que
j'ai fur la tête, & fous lequel je fuccombe & je
me courbe, comme fi j'allois être accablé du
faix d'une montagne. Helas ! je donnerois tout
l'or & tous les Sceptres du monde pour la jeuneffe feule.

M e r. La jeuneffe eft fans doute un grand
bien.

P o l. Mais qui jouit de ce bien ne peut le
conferver ; il le perd à mefure qu'il en jouit.

M e r. Viens, tu dois être las, & tu auras befoin de repos.

P o l. Je fuis dans l'état où fe trouve un

Non sente i danni, e la stanchezza oblia.
Pur t' ubbidisco, e seguo : questa scure
Quì lasciar non si vuol.

   MER. *Benchè in balia*
Del suo fatal nimico or sia Cresfonte,
Attristarmi non sò, temer non posse :
Che preservato non l' avrebbe in tanti
E si strani perigli il sommo Giove,
Se custodier poi no'l volesse ancora
In avvenir.

   POL. *Facciam, facciam noi pure*
Ciò che per noi si dee : che l'avvenire
Caligin densa , e impenetrabil notte
Sempre circonda, e l'hanno in mano i Dei.

Fine dell'Atto Quarto.

ATTO QUINTO.

SCENA I.

POLIDORO, EGISTO.

EGI. *Padre, non più, non più ; che se creduto*
     Avessi io mai di tal recarti affanno,
Morto farei, prima chè por già mai
Fuor de la soglia il piè. Frà pochi giorni
Io ritornar pensai ; mà strani tanto,
Come pur'ora i' ti narrava, e tanto

Chaſſeur, qui ſur la fin du jour conduit à peine
ſes pas, & peut à peine ſe ſoûtenir. S'il voit partir une béte qu'il n'attendoit plus, auſſi-tôt
prompt & agile, il ſe lance après elle, oubliant
ſa laſſitude. Il retrouve de nouvelles forces, &
ne ſent plus l'épuiſement où l'a porté le travail
de la journée. Cependant, je vous obéis, & je
vous ſuis ; mais cette Hache ne doit pas reſter
ici.

Mer. Quoique Creſfonte ſoit au pouvoir de
ſon plus mortel ennemi, je ne puis m'affliger,
je ne puis craindre pour lui. Non, le puiſſant
Jupiter ne l'auroit pas délivré de tant de perils
qui le menaçoient, s'il ne vouloit le conſerver
encore pour l'avenir.

Pol. Faiſons, faiſons toûjours ce que nous
devons de notre côté. L'avenir enveloppé d'u-
ne épaiſſe obſcurité & d'une nuit impénétrable,
eſt dans la main des Dieux.

Fin du quatrième Acte.

ACTE CINQUIEME.

SCENE I.

POLIDORE, EGISTE.

Egi. AH, mon pere, pardonnez-moi mon
départ ; il ne m'arrivera plus de vous
quitter. Oui, ſi j'avois crû vous cauſer tant de
troubles, je ſerois plûtôt mort que de vous a-
bandonner. J'eſperois revenir au bout de quelques jours ; mais les dangers que j'ai courus,

Acerbi i casi sono, in che m' avvenni,
Ch' ebbi à bastanza ne l' error la pena.
    POL. *Mà, così và chi à senno suo si regge.*

    EGI. *Tu mai più declinar da tuoi voleri*
Non mi vedrai; è poichè fatto hà 'l Cielo,
Che qui mi trovi, io ti prometto ogn' arte
Ben tosto usar, perchè mi sia concesso
Partirmi, e tornar teco al suol natio.
    POL. *S' ami il tuo suol natio, partir non dei.*

    EGI. *Vuoi, che lasci in dolor la madre antica?*

    POL. *La madre tua quì ti desia.*
    EGI. *Qui? forse,*
Perch' ora hò il padre appresso?
    POL. *Anzi la madre*
Hai presso, e il padre troppo lungi. EGI. *Come?*
Che dici tu? qui trà le fauci à morte
Sempre sarò; vuol Merope il mio sangue.
    EGI. *Anzi ella il sangue suo per te darebbe.*

    EGI. *Se già due volte trucidar mi volle!*

    POL. *Odio pareva, ed era estremo amore.*

    EGI. *Me n'accorgeva io ben, se il Rè non era.*

    POL. *Mà non t' accorgi ancor, ch' ei vuolti*
        estinto.
    EGI. *Se dal' altrui furore ei mi difese!*

    POL. *Amor pareva: ed odio era mortale.*

Comme je vous en faisois le recit, sont si grands,
que je suis assez puni de ma faute.

Pol. Mon fils, voilà le sort ordinaire de celui qui ne se conduit que par son seul caprice.

Egi. Non, je ne m'écarterai jamais de vos
ordres ; & puisque le Ciel a voulu que je vous
retrouve ici, je vais employer tous mes soins
pour qu'il me soit permis de partir & de retour-
ner avec vous dans la terre qui m'a vû naitre.

Pol. Si tu cherche cette terre, tu ne dois
point abandonner ce séjour.

Egi. Hé quoi, je laisserois ma mere en proye
à la douleur ?

Pol. C'est ici où ta mere souhaite que tu
demeure.

Egi. Ici ? sans doute parce que j'y accompa-
gne mon pere ?

Pol. Au contraire, mon fils, ta mere est près
de toi, mais, helas, que ton pere en est éloigné ?

Egi. Quoi ! que dites-vous ? je resterois
toûjours exposé ici à une mort assurée ; la
cruelle Merope est alterée de mon sang.

Pol. Dis plûtôt qu'elle verseroit le sien pour
toi avec joie.

Egi. Elle, qui par deux fois a voulu me faire
perir ?

Pol. Ce qui paroissoit de la haine, n'étoit
qu'un excès d'amour.

Egi. Oui, sans le Roi j'aurois éprouvé les
effets de cet amour.

Pol. Tu ignores, mon fils, que c'est lui qui
cherche ta mort.

Egi. Lui, qui m'a défendu de la rage de cette femme ?

Pol. Ce qui te paroissoit amour, n'étoit
qu'un effet de sa haine.

EGI. *Padre, che parli? quai viluppi, e quali*
Nuovi enigmi son questi?
POL. *O figlio mio!*
O non più figlio! è giunto il tempo omai,
Che l'enigma si scioglia, il ver si sveli.
Già t'hà condotto il fato, ove non puoi
Senza tuo rischio ignorar più te stesso.
Perciò nel primo biancheggiar del giorno
A ricercarti io venni : alto segreto
Scoprir ti deggio al fin.
EGI. *Tu mi suspendi*
L'animo sì, che il cor mi balza in petto.

POL. *Sappi, che tu non se' chi credi : sappi,*
Ch'io tuo padre non son, tuo servo i' sono,
Nè tu d'un servo, mà di Rè sei figlio.

EGI. *Padre, mi beffi tu? scherzi? ò ti predi*
Gioco? POL. *Non scherzo, nò, che non è questa,*
Materia, ô tempo; da scherzar : richiama
Tutti i tuoi spirti, e ascolta. Il nome tuo
Non Egisio, è Cresfonte. Udisti mai,
Che Cresfonte già Rè di questa terra
Ebbe tre figli? EGI. Udiilo, e come uccisi
Fur pargoletti.

POL. *Non già tutti uccisi*
Fur pargoletti, poichè il terze d'essi
Se' tu. EGI. Deh che mi narri !
POL. *Il ver ti narro ;*
Tu di quel Rè sei figlio : à l'empie mani
Di Polifonte Merope tua madre
Ti sottrasse, ed à me suo fido servo
Ti diè, perch'io là ti nodrì t'occulto,
Et a la vendetta ti serbassi, e al regno.

EGI.

Egi. Mon pere, quels discours ? quel embarras ? quel énigme ?

Pol. O mon fils ! mais pourquoi vous donner ce nom qui ne vous convient plus ? enfin, voici le jour où l'Enigme doit se développer, où la verité doit se découvrir. Dans l'état où le Destin vous a mis, vous ne pouvez plus ignorer, sans danger, qui vous êtes. C'est là ce qui m'a obligé à vous chercher dès l'Aurore : enfin je dois vous découvrir un grand secret.

Eg . L'inquietude où ce discours me jette, m'inspire un trouble sous lequel mon cœur est prêt à succomber.

Pol. Apprenez que vous n'êtes pas tel que vous croyez : je ne suis pas votre pere ; je suis votre Esclave. Vous n'êtes pas le fils d'un Esclave, mais celui d'un Roi.

Egi. Mon pere, vous mocquez-vous ? raillez-vous ? vous divertissez-vous de moi ?

Pol. Non, je ne raille point ; ce n'est ici ni le lieu ni le temps de railler. Rappellez tous vos esprits, & m'écoutez. Vous n'êtes pas Egiste ; votre nom est Cresfonte. Avez-vous jamais entendu dire que Cresfonte, autrefois Roi de ce Pays, eut trois fils ?

Egi. Oui, & je sçai qu'ils périrent tous trois dans un âge peu avancé.

Pol. Ils ne périrent pas tous, puisque c'est vous qui êtes le troisiéme de ces enfans.

Egi. Ah ! que me dites-vous ?

Pol. La verité, Seigneur. Vous êtes le fils de ce malheureux Roi : Merope votre mere vous sauva des mains barbares de Polifonte ; elle confia à ma fidélité le soin de vous nourrir inconnu loin de Messene, & de vous reserver pour le Trône & pour la vengeance.

Merope.   L

Egi. *Son fuor di me per meraviglia, e in forse*
Mi stò, s'io creda, ò nò.

Pol. *Creder mi dei,*
Che quanto dico, il giuro; e quella gemma
(Gemma regal) Merope à me già diede;
E spento or ti volea, perch' altri à torto
Le asseri, che rapita altrui l'avevi,
E l'omicida in te di te cercava.

Egi. *Ora intendo: ò grand Giove, ed è pur vero*
Che mi transformo in un momento, e ch' io
Più non son' io? d'un Rè son figlio? e dunque
Mio questo regno; io son l'erede? Pol. *E vero;*
S'aspetta il regno à te, se' tu l'erede.
Ma quanto e quanto....

Egi. *In queste vene adunque*
Scorre il sangue d'Alcide? O come io sento
Farmi di me maggior'! ah se tu questo,
Se questo sol tu mi scoprivi, io gli anni
Già non lasciava in ozio vil sommersi:
Grideria forse già fama il mio nome,
E ravvisando omai l' Erculee prove,
Forse i Messenj avrianmi accolto, e infranto
Avriano già del rio tiranno il giogo.
I' mi sentia ben' io dentro il mio petto
Un non sò qual, non ben' inteso ardore,
Che spronava i penfier, nè sapea dove.
Pol. *E percio appunto a te celar te stesso*
Doveasi; il tuo valor scopriati, e à l'armi
Di Polifonte, e t'esponea a l'inique
Sue varie frodi.

Eg*. L'étonnement me met hors de moi-
même, & je ne sçai si je dois ajoûter foi à ce
discours.

Pol. Vous devez bien m'en croire, puisque
je vous jure que tout ce que je vous ai dit est
véritable;& que cet anneau, que Merope vient
de me rendre, est celui qu'elle m'avoit autrefois confié, & le même que le Roi votre pere
avoit coûtume de porter. Elle vouloit vous
ôter la vie, parce qu'on l'avoit assurée que
vous aviez enlevé cette bague à un inconnu,
& c'étoit fur vous-même qu'elle cherchoit à
venger votre mort.

Egi. Je vous entens. Puissant Jupiter, il est
donc vrai que je suis changé en un instant, &
que je cesse d'être le même ? je suis le fils d'un
Roi ? ce Royaume m'appartient, & j'en suis
l'heritier ?

Pol. Il est vrai ; ce Royaume est à vous,
vous en êtes l'heritier : mais avant....

Egi. C'est donc le sang d'Hercule qui coule
dans mes veines ? Que je sens mon courage
s'augmenter! ah, si vous m'eussiez découvert
ce secret, je n'eusse pas laissé perdre ma jeunesse dans un indigne repos : la Renommée publie-
roit maintenant mes actions, & peut-être que
Messene, reconnoissant le sang d'Hercule à mes
actions, auroit brisé le joug du Tyran. Je sen-
tois dans mon cœur je ne sçai quels mouvemens
& une ardeur inconnue qui m'inspiroit des projets dont je ne voyois pas le but.

Pol. Et voilà ce qui m'obligeoit à vous cacher ce secret à vous-même. Votre valeur vous
auroit découvert, vous eût exposé aux attentats
de Polifonte,& à tout ce qu'une politique barbare lui auroit inspiré.

EGI. *In questo suolo adunque*
Fù di mio padre il sangue sparso ; in questa
Gl'innocenti fratelli . . . . e quel ribaldo
Pur' anco regna ? e và superbo ancora
Del non suo scettro ? ah fia per poco. Io corre
A procacciarmi un ferro. Immerger tutto
Gliel vo' nel petto, quì, frà mezzo à tutti
I suoi custodi: i' vo', che cio senz' altro
Segua, del resto avranne cura il Cielo.

    POL. *Ferma.* EGI. *Che vuoi ?*
    POL. *Dove ne vai ?* EGI. *Mi lascia.*

    POL. *O cieca gioventù ! dove ti guida*
Sconsigliato furor ?
    EGI. *Perchè t' affanni ?*
    POL. *La morte. . . .*
    EGI. *Altrui la porto.* POL. *A te l' affetti.*

    EGI. *Lasciami al fin.*
    POL. *Deh figlio mio, che figlio*
Sempre ti chiamero, vedimi a terra :
Per questo bianco crin, per queste braccia,
Con cui ti strinsi tante volte a l petto ;
Se nulla appresso te l' amor, se nulla
Ponno impetrar le lagrime ; raffrena
Cotesto insano ardir : pietà ti muova
De la madre, del regno, e di te stesso.

    EGI. *Padre, che padre ben mi fosti, sorgi,*
Sorgi, ti priego, e taci: io vo', che sempre
Tai mi veggia ver te, qual mi vedesti.
Mà non vuoi tu, ch' omai m'armi à vendetta ?

    POL. *Si voglio ; à questo fin tutto sin' ora*
S' è fatto ; ma le grandi, ed ardue imprese
Non precipizio, non furor, le guida

Eɢɪ. C'eſt donc ici que le ſang de mon pere
fut verſé ; c'eſt ici que mes freres innocens.....
Et ce Brigand regne encore ? Il s'enorgueillit
d'un ſceptre qui n'eſt point à lui ? il le conſer-
vera peu. Je cours chercher des armes. Je veux
lui plonger un fer dans le ſein. Ici, au milieu
de la garde qui l'entoure, il périra ; les Dieux
auront ſoin du reſte.

Pᴏʟ. Arrêtez.

Eɢɪ. Que voulez-vous ?

Pᴏʟ. Hé, qu'allez-vous faire ?

Eɢɪ. Laiſſez-moi.

Pᴏʟ. Jeuneſſe aveugle ! où vous emporte
une fureur imprudente ?

Eɢɪ. Pourqui vous obſtinez-vous ?

Pᴏʟ. La mort qui vous menace....

Eɢɪ. C'eſt aux autres que je la porte.

Pᴏʟ. Ah, vous allez la chercher.

Eɢɪ. Enfin, laiſſez-moi.

Pᴏʟ. Ah, mon fils, mon cher fils, car je
t'appellerai toûjours de ce nom, vois-moi à
tes genoux ; je t'en conjure par ces cheveux
blancs, par ces bras tremblans qui t'on ſerré
tant de fois contre mon ſein ; ſi mon amour, ſi
mes larmes ne peuvent rien ſur toi ; qu'un autre objet plus puiſſant modere ton audace imprudente : prens pitié de ta mere, de ton Royaume & de toi-même.

Eɢɪ. Ah, mon pere, ce nom vous eſt bien dû,
levez-vous, je vous en prie, & finiſſez ce diſcours. Oüi, vous me verrez toûjours plein de
ſoumiſſion pour vous ; mais n'eſt-il donc pas
tems que je prenne les armes pour me venger ?

Pᴏʟ. Oüi, je le veux, & je n'ai rien fait
juſqu'à ce jour que dans cette vûe : mais ce
n'eſt point la fureur, ce n'eſt point un aveugle

Solo à buon fin saper, senno, consiglio,
Dissimulare, antiveder, soffrire.
I giovani non sanno. Io mostrerotti
Come t' abbi à condur; ma creder dei,
Che mi credea tuo padre ancora, e i saggi
Suoi consiglier non disprezzaron mai
Il mio parere: e pur quali uomin furo!
Non vi son più di quelle menti.

Egi. E credi
Tu, che se questo popolo scorgesse
L' odiato usurpator morder la terra,
E che s' io mi scoprissi, entro ogni cuore
Non pugnasse per me l' antica fede?

Pol. Qual fede? ò figlio; or non son più quei tempi?
A tempo mio ben si vedea; ma ora
Troppo intristito è 'l mondo, e troppo iniqui
Gli uomin son fatti: io mi ricordo, e voglio
Narrarlo: erasi.....

Egi. Taci, esce il tiranno.
Pol. Fuggiam, ci occulteremo dietro quelle
Colonne.

SCENA II.

POLIFONTE, ADRASTO.

Pol. Tu m' affretti assai per tempo;
			Ben sollecito sei.
Adr. Già tutto è in punto.
Coronati di fior, le corna aurati

emportement qui peut conduire de tels projets
à leur fin ; c'est la sagesse, c'est la prudence,
c'est le conseil ; il faut sçavoir souffrir, dissimu-
ler, & prévoir les dangers. Cet art est inconnu
aux jeunes gens. Je vous apprendrai, mon fils,
comment vous devez vous conduire. Croyez-
moi, ne méprisez pas les conseils de celui dont
votre pere & ses plus sages Ministres n'ont pas
dédaigné les avis ; & cependant quels hommes
étoient-ce ? non, il n'en est plus de semblables ;
la nature ne produit plus des ames de cette
trempe.

Eg1. Mais croyez-vous que si ce peuple
voyoit l'usurpateur, qu'il deteste, mordre la
poussiere, & que si je me découvrois, son ancien attachement pour Cresfonte, ne se rallu-
meroit pas dans tous les cœurs, & qu'ils ne
prendroient pas les armes pour moi ?

Pol. De quel attachement parlez-vous, ô
mon fils ! ces tems ne sont plus. On pouvoit
s'attendre autrefois à trouver cette fidelité ;
mais aujourd'hui le monde est trop corrompu,
les hommes sont trop méchans. Il me souvient,
tenez, je vais vous le conter. Autrefois....

Eg1. Taisons-nous, je vois le Tyran.

Pol. Fuyons, cachons-nous derriere ces Colomnes.

SCENE II.

POLIFONTE, ADRASTE.

Pol. TU me presses avec bien de la vivaci-
té, Adraste ; que tu es impatient !

Adr. Tout est prêt, Seigneur. Déja les
Taureaux aux cornes dorées & parées de fleurs

Stannosi i tori al tempio: Arabi fumi
Di peregrino odor, di lieto suono
Musici bossi empiono l'aria : immensa
Turba è raccolta, e già festeggia, e applaude.

POL. Or Merope si chiami. Io di condurla
A te lascio il pensier. Precorrer voglio,
Ed ostentarmi al volgo, esso schernendo,
Che non hà mente, ed i suoi sordi Dei,
Che non ebbero mai mente, ne senso.
Qual'uom, qual Dio tormi di man lo scettro
Potrebbe or più, poichè son' ombra, e polve
Tutti color, che gia poteam sù'l regno
Vantar diritto? il mio valore, Adrasto,
Il senno mio furo i miei Dei. Con questi
Di privato destin scossi l'oltraggio,
E fra l'armi, e fra'l sangue, e frà i perigli
A un soglio al fin m'apersi via : con questi
Io fermo ci ferro per sempre il piede :
Fremano pur' in van la terra, e'l Cielo :
Parmi Merope udir : di lei tu prendi
Cura, e s'ancor contrasta, un ferro in seno
Vibrale al fine ; e se con me non vuole,
A far sue nozze con Pluton sen vada.

SCENA III.

MEROPE, ISMENE, e ADRASTO.

MER. O Qual supplizio, Ismene, è qual tormento?
ISM. Fà core al fin.
MER. Mai non mi diero i Dei

font au Temple : la vapeur de l'encens, qui
fume de tous côtez, remplit tout d'une odeur
agréable : déja les inſtrumens & les voix font
retentir l'air de leurs fons harmonieux : déja le
peuple en foule témoigne ſa joye par ſes ap-
plaudiſſemens & par ſes cris....

POL. Hé bien, que l'on appelle Merope.
Je te laiſſe le ſoin de la conduire. Je veüx entrer au Temple avant elle, & me montrer au
peuple, pour triompher de cette imbecile populace, & mépriſer ſes ſourdes Divinitez qui
n'eurent jamais ni ſens ni ſentiment. Quel
homme, ou quel Dieu m'ôteroit à preſent le
Sceptre de la main, puiſque tous ceux qui
pouvoient me le diſputer ne font plus que des
ombres vaines ? ma valeur & ma prudence,
voilà mes Dieux, Adraſte. C'eſt par-là que
j'ai ſçû corriger l'outrage d'une fortune privée,
& me faire, à travers les armes, le ſang & le
danger, un chemin pour monter enfin ſur le
Trône : Voilà ce qui m'affermira pour toûjours
ſur ce Trône. Que le Ciel & la Terre s'y op-
poſent, je me rirai de leurs vains efforts. Mais
je crois entendre Merope : prens-en ſoin, & ſi
elle refuſe encore de te ſuivre, plonge lui un
poignard dans le ſein ; & ſi elle s'obſtine à mépriſer mon Hymen, qu'elle aille joindre ſon
Epoux chez Pluton.

SCENE III.

MEROPE, ISMENE, ADRASTE.

MER. ISmene, quel tourment, quel ſupplice !
ISM. Prenez courage, Madame.
MER. Non, jamais les Dieux cruels ne m'ont

Senza un' igual disastro una ventura.

IsM. Vinci te stessa, e à i lieti dì ti serba.

MER. Cresfonte mio, per te soffrir m'è forza.

ADR. Reina, io pur t' attendo : or che più badi ?

MER. Di malvagio Signor servo peggiore.

ADR. Ad opera così lieta in mesto ammanto ?

MER. Del sommo interno affanno essò fà fede.

ADR. Offende quest' affanno il tuo consorte.
MER. Che di tu ? non per anco e mio consorte.
ADR. O questo, ó de' tuoi cari un fiero scempio.

MER. Pensamento maligno, empio, infernale!

IsM. Cedi, cedi al destin ; non far, che guasto
Resti il gran colpo già à scoccar vicino.

MER. Questo è il solo pensier, che pur mi frena
Dal trapassarmi il sen ; questa è la speme,
Per cui ceder vorrei, per cui mi sforzo
Far violenza al mio cor ; ma oimè rifugge
L' animo, e si disdegna, e inorridisce.
ADR. Se distragge novella or' or non vuoi
Carco vedere il suol, tronca ogn' indugio ;
Condur per me si dee la sposa al Tempio.

MER. Di più tosto la vittima.
ADR. Son spesso
Le regie donne vittime di Stato.

donné un bonheur, sans m'accabler en même
tems d'un malheur aussi grand.

Is m. Soyez maitresse de vous-même, & vous
reservez pour des jours plus heureux.

Mer. Oui, mon cher Cresfonte, c'est pour
toi que je veux tout souffrir.

Adr. Je vous attens, Madame : qui peut
vous arrêter plus long-tems ?

Mer. C'est donc toi, d'un barbare Tyran,
Ministre encore plus criminel !

Adr. Hé quoi, vous portez ce lugubre vê-
tement à une cérémonie pleine de joye ?

Mer. C'est la marque de la douleur dont
mon ame est remplie.

Adr. Cette douleur offense votre Epoux.

Mer. Que dis-tu ? il ne l'est pas encore.

Adr. S'il ne l'est bien-tôt, Madame, vous
verrez un horrible carnage de vos plus chers
amis.

Mer. Quel affreux, quel barbare, quel abo-
minable projet !

Is m. Madame, cedez à votre fortune; n'empêchez pas l'exécution d'un dessein tout prêt à
s'accomplir.

Mer. Ah, cet espoir seul m'empêche de me
percer le sein; lui seul peut me vaincre & forcer mon cœur à se rendre : mais que dis-je ? je
sens que ce cœur frémit d'horreur, & refuse
d'obéir.

Adr. Si vous ne voulez voir la terre innon-
dée de sang, & souillée d'un nouveau carnage,
hâtez-vous. C'est moi qui dois conduire l'E-
pouse à l'Autel.

Mer. Oh, dis plûtôt la victime.

Adr. Hé quoi, Madame, est-ce d'aujour-
d'hui que les Princesses sont des victimes d'E-
tat ?

MER. Mà si vada: sù'l fatto i Dei fors' anco
Nuovo nel cor m' accederan consiglio.
Morte mancar non può.

SCENA IV.

EGISTO, POLIDORO.

EGI. Quella è mia madre
Ch' or strascinata è là?
    POL. In duro passa
È quello, à cui l' astringe il fier tiranno:
Ma che s' hà à far? forse da questo male
Alcun ben n' uscirà: la sofferenza,
E l' addattarsi al tempo non di rado
Han cangiato in antidoto il veleno.
    EGI. Io man vo' gire al tempio, e la solenne
Pompa veder:
    POL. Vanne; curiosa brama
Punge i cor giovinetti: vanne, figlio,
Ch' io seguir non ti posso; à quella calca
Reggere t' non potrei: se tal mi fossi
Qual' era all' or, che i lunghi interi giorni
Seguiva in caccia il padre tuo, ben franco
Accompagnare i' ti vorrei; mà ora
Se il desio mi sospinge, il piè vien manco.
Vanne, mà avverti ogn' or, che di tua madre
L' occhio sopra di te cader non possa.
    EGI. Vano è, che tu di ciò pensier ti prenda.

SCENA V.

POLIDORO, poi EURISO.

POL. Ben' ebbe avverse al nascer suo le stelle
Quella misera donna! O quanto egli erra

Mer. Allons : peut-être qu'à l'Autel les
Dieux m'inspireront un nouveau dessein. La
mort est toûjours facile à qui la cherche.

SCENE IV.

Egiste, Polidore.

Egi. QUoi, c'est-là ma mere ? c'est elle
que l'on entraîne ainsi malgré elle ?
Pol. Sans doute, le Tyran l'a réduite à une
extrémité bien dure : mais que peut-elle faire ?
peut-être que de ce mal même il en sortira un
grand bien : souvent on corrige les plus grands
malheurs , quand on sçait les supporter & s'accommoder au tems.
Egi. Je veux aller au Temple, pour y voir
la pompe de cette cérémonie.
Pol. Allez ; un desir curieux presse toûjours
les jeunes cœurs : allez , mon fils, je ne puis
vous y suivre ; je ne pourrois me soûtenir parmi cette foule ı si je me trouvois encore tel que
j'étois , lorsque, durant des jours tout entiers
& les plus longs, je suivois votre pere à la
Chasse , je vous accompagnerois volontiers.
Mais, à present, mes forces ne répondent point
à mon envie. Allez donc, mais gardez de vous
offrir aux yeux de votre mere.
Egi. Ce conseil est superflu, je sçaurai les
éviter.

SCENE V.

Polidore, puis Eurises.

Pol. *seul.* PRincesse infortunée, les astres
mal faisans semblent tous conju-

Chiunque da l' altezza de lo stato
Felice à misura! e quanto insano
E' l vulgo, che si crede ne' superbi
Palagi albergo aver sempre allegrezza!
Chi presso à Grandi vive, à pien conosce,
Che quant' è più sublime la fortuna,
Tanto i disastri son più gravi, e tanto
Più atroci i casi, più le cure acerbe.

EUR. Ospite, ancor sè' quì? molto m'è caro
Di rivederti: mà tu fermo hai'l piede
In Reggia scelerata, in suo crudele.

POL. Amico, il mondo tutto è pien di guai:
Terra è facil cangiar, mà non ventura.
Piacque così à gli Dei. Miser chi crede
(E pur chi non lo crede?) i giorni suoi
Menar lietti, e tranquilli. E questa vita
Tutta un' inganno, e trapassar si suole
Sperando il bene, e sostenendo il male.

EUR. Mà perchè tu, che forastier quì sei,
Non vai nel Tempio à rimirar la pompa
Del ricco sacrificio?
　POL. Oh, curioso
Tanto i' non son. Passò stagione. Assai
Veduti hò sacrifici. Io mi ricordo
Di quello ancora, quando il Rè Cresfonte
Incominciò à regnar: quella fù pompa.
Ora più non si fanno à questi tempi
Di cotai sagrifici: più di cento
Fur le bestie svenate; i sacerdoti
Risplendean tutti, ed ove ti volgessi
Altro non si vedea, che argento, ed oro.
Mà ben parmi, che à te caler dovrebbe
L' imeneo de' tuoi Rè.

jurez contre toi! Helas, que l'on se trompe de
mesurer le bonheur des hommes par l'éleva-
tion de leur fortune! que le peuple est insensé
de croire que la joye habite toûjours dans les
Palais superbes! ceux qui les hantent, ou qui
font au service des Grands, sçavent parfaite-
ment que plus la fortune est élevée, plus les
revers sont fâcheux, plus les malheurs sont ter-
ribles, plus les peines sont cuisantes.

Eur. Etranger, vous êtes encore ici? il m'est
doux de vous revoir : mais qui vous arrête
dans ce Palais souillé de crimes, dans cette terre cruelle ?

Pol. Ami, le monde est tout plein de chagrins : on change aisément de pays, mais non
pas de fortune. Ainsi l'ont voulu les Dieux.
Malheureux qui se flatte (& quel homme qui
ne se flatte pas ?) de passer des jours heureux &
tranquilles. Toute cette vie est une illusion
continuelle : elle se passe à esperer le bien, &
à souffrir le mal.

Eur. Mais pourquoi, vous qui êtes étranger dans ces lieux, n'allez-vous pas au Temple
être témoin du pompeux sacrifice qui se prépare ?

Pol. Ah, je n'en suis point curieux. Le
tems en est passé. J'ai vû assez de sacrifices en
ma vie. Il me souvient encore de celui qui so-
lemnisa l'avenement du Roy Cresfonte à la
Couronne : c'étoit un spectacle pompeux que
celui-là. On ne fait plus aujourd'hui de pareils
sacrifices : on immola plus de cent victimes; les
Prêtres étoient tous brillans, & quelque part
que l'on jettât les yeux, on voyoit éclater l'or
& l'argent. Mais vous? il me semble que l'Hymen de vos Rois devroit vous inspirer quelque
curiosité.

EUR. *Deh se sapessi*
In che dee terminar tanto apparato
Di gioia ! io non hò cor per ritrovarmi
Presente à si funesto orribil caso.
POL. *Qual caso avvenir può ?*
EUR. *S' hai già contezza*
Di questa Casa, tu ignorar non puoi,
Quanto à Merope amare, e quanto infauste
Sien queste nozze. Or sappi, ch' ella in core
Già si fermò, dove à duro passo
Costretta fosse, in mezzo al Tempio, à vista
Del popol tutto, trapassarsi il core.
Così sottrarsi elegge ; e si lusinga,
Che à spettacol sì atroce al fin si scuota
Il popol neghittoso, e sù 'l tiranno
Si scagli, e 'l faccia in pezzi. Ella è pur troppo
Donna da ciò : senz' altro il fà : sù l' alba
Mandò per me con somma fretta ; il Cielo
Fè, ch' io non giunsi à tempo : ella per certo
Darmi volea l' ultimo addio. Infelice,
Sventurata Reina !
POL. *O come il core*
Trafitto or m' hai ! ben la vid' io partire
Trasfigurata, e di pallor mortale
Già tinta ; ô acerbo, ó lagrimevol fine
D' una tanta Reina !
EUR. *Mà non odi*
Dal vicin Tempio alto romor ? POL. *Ben parmi*
D' udire alcuna cosa.

EUR. *Al certo è fatto*
Il colpo, e se perciò forse tumulto,
La sorte de i miglior correr vo' anch' io.

SCENE VI.

EUR. Helas, fi tu fçavois où fe doit terminer cet appareil de joye! non, je ne puis être témoin d'un fpectacle fi plein d'horreur.

POL. Quel eft donc le fujet de votre crainte?

EUR. Si tu connois cette famille malheureuſe, tu ne peux ignorer combien cet Hymen eft cruel, combien il eft douloureux pour Merope. Apprens qu'elle eft réſolue de fe percer le cœur au milieu du Temple, en préſence du peuple, fi elle eft contrainte à ce funeſte Hymenée. C'eft-là le moyen qu'elle a choiſi pour s'en délivrer. Elle fe flatte que ce fpectacle réveillant le peuple inſenſible, il fe jettera ſur le Tyran, & le mettra en pieces. Elle n'eſt que trop capable d'une telle réſolution. Elle a envoyé me chercher avec précipitation dès l'aurore. Le Ciel n'a pas voulu que je ſois arrivé aſſez-tôt. Elle vouloit, ſans doute, me donner le dernier Adieu. Reine infortunée!

POL. Ce récit me perce le cœur. Quand je l'ai vûe partir, elle étoit toute changée : la pâleur de la mort étoit peinte ſur ſon viſage: ô douloureuſe, ô déplorable fin d'une fi grande Reine!

EUR. Mais, entens-tu le bruit qui part du Temple prochain?

POL. Oüi, je crois l'entendre auſſi.

EUR. Ah, ſans doute, ç'en eft fait. Allons, & fi c'eſt ſa mort qui cauſe ce tumulte, je veux me joindre au parti des gens de bien, & courir les mêmes dangers.

SCENA VI.

POLIDORO, Poi ISMENE.

POL. O Me infelice! e che giovaron mai
Tanti rischi, e sudor! senza costei
Che più far si potrà?

ISM. Pietosi Numi,
Non ci abbandoni in questo dì la vostra
Aita.
POL. Oimè, figlia, ove vai? deh ascolta.
ISM. Vecchio, che fai tu quì? non sai tu nulla?
Sagrificio inaudito; umano sangue,
Vittima regia....
POL. O destino, in qual punto
Mi traesti tu quà!
ISM. Che hai? tu dunque
Tu piangi Polifonte?
POL. Polifonte?
ISM. Sì Polifonte; entro il suo sangue ei giace.

POL. Mà chi l'uccise?
ISM. Il figlio tuo l'uccise.
POL. Colà nel Tempio? ô smisurato ardire!

ISM. Taci, ch' ei fece un colpo, onde il suo nome
Cinto di gloria ad ogni età sen vada:
Gli Eroi già vinse, e la sua prima impresa
Forse già quelle del grand' avo oscura.
Era già in punto il sagrificio, e i peli
Del capo il sacerdote avea già tronchi
Al toro, per gittargli entro la fiamma.
Stava da un lato il Rè, da l'altro, in atto
Di chi à morir sen và, Merope: intorno

SCENE VI.

POLIDORE, & puis ISMENE.

Pol. QUe je suis malheureux ! de quoi m'ont servi tant de soins & tant de périls ! sans la Reine, comment executer nos projets !

Ism. Dieux pitoyables, que votre secours ne nous abandonne pas !

Pol. Helas, ma fille, où vas-tu ? au nom des Dieux, écoute.

Ism. Vieillard, que fais-tu ici ? Hé quoi, ne sçais-tu rien ? un sacrifice inoui, le sang humain, une victime Royale......

Pol. O destin cruel ! à quel spectacle m'as-tu conduit ?

Ism. Hé quoi, tu pleures le sort de Polifonte ?

Pol. Polifonte ?

Ism. Oui, Polifonte ; il est noyé dans les flots de son sang.

Pol. Mais qui l'a tué ?

Ism. Ton fils.

Pol. Quoi, dans le Temple ? quelle audace infinie !

Ism. Ecoute. Il vient de faire une action qui fera passer son nom avec gloire aux âges futurs. Il surpasse déja les Heros, & sa premiere entreprise obscurcira peut-être les exploits de son fameux ayeul.

Le sacrifice étoit déja prêt ; le Prêtre avoit déja coupé des poils de la victime pour les jetter dans le feu. D'un coté de l'Autel étoit le Roy, & de l'autre étoit Merope dans l'etat d'une personne que l'on conduit à la mort. Le peu-

La varia turba rimaranto, immota,
E taciturna. Io, ch' era alquanto in alto,
Vidi Cresfonte aprir la porta, e innanzi
Farsi à gran pena, acceso in volto, e tutto
Da quel di pria diverso: à sboccar venne
Poco lungi da l' ara, e ritrovossi
Dietro appunto al tiranno. All' ora stette
Alquanto, altero, e fisco, e l' occhio bieco
Girò d' intorno. Qui il narrar vien manco;
Poiche la sacra preparata scure
Che fra patere, e vasi aveva innanzi,
L'afferrare à due mani, e orribilmente
Calarla, e à l'empio Rè fenderne il collo,
Fù un sol momento; e fu in un punto solo,
Ch' io vidi il ferro lampeggiare in aria,
E che il misero à terra stramazzò.
Del Sacerdote in sù la bianca veste
Lo spruzzo rosseggiò; più gridi alzarsi
Mà in terra i colpi ei replicava. Adrasto
Ch'era vicin, ben si avventò; mà il fiero
Giovane, qual Cigna! si volse, e in seno
Gli piantò la bipenne. Or chi la madre
Pinger potrebbe? si scagliò qual Tigre,
Si pose innanzi al figlio, ed à chi incontra
Veniagli, opponea il petto. Alto gridava
In tronche voci, è figlio mio, è Cresfonte,
Questi è 'l Rè vostro: mà il romor, la calca
Tutto opprimea: chi vuol fuggier, chi innanzi
Vuol farsi; or spinta, or rispinta ondeggia,
Qual messe al vento, la confusa turba,
E lo perchè non sa; correr, ritrarsi,
Urtare, interrogar, fremer, dolersi;
Urli, stridi, terror, fanciulli oppressi,
Donne sossopra, ó fiera scena! il toro
Lasciato in sua balia spavento accresce,
E salta, e mugge; eccheggia d'alto il Tempio.

ple en foule autour d'eux regardoit ce fpectacle, immobile & en filence; lorfque d'un lieu
élevé où j'étois, j'ai vû tout d'un coup Cref-
fonte fendre la preffe, & s'ouvrir avec peine
un paffage. Son vifage étoit enflamé, il étoit
tout different de ce que je l'avois vû. Il s'ap-
procha de l'Autel, & fe plaça derriere le Tyran. Il y refta quelque tems, l'air fombre &
altier, & portant de tous côtez fes regards me-
naçans. Le refte eft impoffible à décrire; puifque lui voir prendre la hache facrée qui étoit
fur l'Autel au milieu des vafes deftinez pour la
cérémonie, l'élever à deux mains, la faire tomber avec un horrible fifflement, & fendre la
tête du Tyran n'ont été qu'une même chofe.
Au même inftant je vis le fer briller en l'air, &
ce malheureux Roy tomber par terre frappé de
cet horrible coup. Le fang rejaillit, & fouilla la
robbe blanche du Pretre. Les cris de la populace ne l'empêcherent pas de l'achever à terre
par de nouveaux coups. Adrafte qui étoit à fes
côtez, fe prefenta en vain pour le fecourir. Le
fier jeune homme fe tourna vers lui plus rapi-
dement qu'un Sanglier, & le renverfa d'un
coup de la même hache. Qui pourroit repre-
fenter fa mere? plus furieufe qu'une Tigreffe,
elle s'élance au devant de fon fils & préfentant
fa poitrine à ceux qui vouloient l'attaquer, elle
crioit, quoique d'une voix entrecoupée : *c'eft
mon fils, c'eft Crefonte, oüi c'eft votre Roy.* Mais
le fracas & la foule empêchoient de rien entendre. L'un veut fuir, l'autre veut avancer;
la multitude confufe, femblable aux épis on-
doians agitez par le vent, pouffe, & eft repouf-
fée, fans qu'elle fçache le fujet qui la trouble;
celui-là court, cet autre en le heurtant l'arrête

Chi s' affanna d'ufcir, preme, e s'ingorga,
E per troppo affrettar ritarda: in vano
Le guardie là, che cuftodian le porte,
Si sforzaro d' entrar, che la corrente
Le svolfe, e feco al fin le traffe. Intanto
Trafi intorno à noi drappel ridotto
D' antichi amici: sfavillavan gli occhi
De l' ardito Cresfonte, e altero, e franco
S' avvio per ufcir trà fuoi riftretto.
Io, che difgiunta ne rimafi, al fofco
Adito angufto, che al Palagio guida,
Mi corfi, e gli occhi rivolgendo, io vidi
Sfigurato, e convolto (orribil vifta!)
Spaccato il capo, e'l fianco, in mar di fangue
Polifonte giacer: proftefo Adrafto.
Ingombrava la terra, e femivivo
Contorcendofi ancor, mi fè fpavento,
Gli occhi appannati nel finghiozzo aprendo.
Rovefciata era l' ara, e fparfi, e infranti
Caneftri, e vafi, e tripodi, e coltelli.
Mà che bado io più qui? dar l' armi à i fervi,
Afficurar le porte, e far ripari
Tofto fi converrà, ch' afpro trà poco
Senz' alcun dubbio fofrirremo affalto.

dans sa course ; les uns demandent la cause de ce tumulte , les autres ne pensent qu'à s'en sauver ; la terreur , les fremissemens , les plaintes , les cris , les heurlemens , les enfans étouffez , les femmes renversées , tout contribuoit à former un spectacle épouventable. La victime , abandonnée à elle-même , augmente la frayeur par ses sauts & par ses mugissemens ; le Temple retentit d'un bruit terrible ; le peuple , qui se presse pour sortir , engage la porte, & retarde la sortie par les mêmes efforts qu'il fait pour la hâter ; en vain les Gardes mis aux portes s'efforcent d'entrer , le torrent s'y oppose & les entraîne à la fin. Cependant un gros des anciens serviteurs de Merope se joint à nous , & nous entoure ; le feu brilloit dans les yeux de Cresfonte , il s'avance fierement au milieu de sa troupe vers la porte. Moi, qui m'en trouvai séparée, je courus à un passage obscur & étroit qui conduit au Palais , & retournant la tête , quel affreux spectacle s'offrit à mes yeux ! Polifonte , la tête & la poitrine ouvertes , renversé & nageant dans des ruisseaux de son sang , étoit à peine reconnoissable. Le corps d'Adraste tout étendu occupoit un grand espace , & comme il respiroit encore , il augmenta mon effroi , par ses horribles convulsions & par ses yeux presque éteints qu'il entr'ouvroit en rendant les derniers soupirs. L'Autel étoit renversé , les corbeilles sacrées , les vases , les trepieds , les couteaux, tout étoit brisé ou épars. Mais à quoi m'arrété-je ici ? Il faudra au plûtôt armer les Esclaves , s'assurer des portes , & se mettre en état de défense ; car sans doute , nous allons avoir à soutenir un rude assaut. *Elle sort.*

SCENA VII.

POLIDORO, poi MEROPE, EGISTO,
ed EURISO con seguito d'altri.

POL. SEnza del vostro alto immortal consiglio
Già non veggiam si fatti casi, ò Dei.
Voi dal Cielo assistere. O membra mie,
Perchè non sete or voi, quai foste un tempo?
Come pronto, e feroce or io.... mà ecco.

MER. Sì, sì, ò Messeni, il giuro ancora, è questi;
Questi e'l mio terzo figlio: io 'l trafugai,
Io l'occultai fin' or: questi è l'erede,
Questi del vostro buon Cresfonte è 'l figlio:
Di quel Cresfonte, che non ben sapeste,
Se fosse padre, ò Rè: di quel Cresfonte,
Che si à lungo piageste: or vi souvenga,
Quanto ei fu giusto, e liberale, e mite.
Colui, che là dentro il suo sangue è involto,
E quel tiranno, è quel ladron, quell' empio
Ribelle, usurpator, che à tradimento
Del legitimo Rè, de' figli imbelli
Trafisse il sen, sparse le membra: è quegli,
Ch' ogni dritto violò; che prese à scherno
Le leggi, e i Dei; che non fu sazio mai
Nè d'oro, nè di sangue; che per vani
Sospetti trucidò tanti infelici,
Ed il cener ne sparse, e sin le mura
Arse, atterrò, distrusse. A qual di voi
Padre, ò fratel, figlio, congiunto, ò amico
Non avrà tolto? e dubitate ancora?

SCENE VII.

SCENE VII.

POTIDORE, puis MEROPE, EGISTE,
& EURISES accompagné de plusieurs
autres.

POL. Dieux immortels ! nous ne voyons
point arriver de telles révolutions,
qui ne dépendent des conseils profonds de votre sagesse éternelle. Secourez-nous, Grands
Dieux, dans la suite de cet évenement. Ah,
pourquoi ne suis-je point aussi dispos de mon
corps que je l'étois autrefois ! avec quelle vi-
tesse & quel courage....Mais que vois-je ?

MER. Oüi, oüi, Messieurs, je vous le jure, c'est-
là le dernier de mes fils: je l'ai écarté & je l'ai
caché jusqu'à ce jour. C'est l'heritier, c'est le
fils de Cresfonte qui vous fut si cher, de ce Cresfonte que vous regardiez plûtôt comme un Pere que comme un Roy, de ce Cresfonte dont
vous avez pleuré si long-tems la mort : souve-
nez-vous combien il fut doux, juste, & liberal.
Celui qui est là baigné dans son sang c'est ce Tyran, ce brigand, cet impie, ce rebelle, cet usurpateur, qui par une noire trahison égorgea son Roi
légitime, perça le sein de ses Princes innocens, &
couvrit la terre de leurs membres épars. C'est
celui qui viola tous les droits ; qui insultoit &
les Loix, & les Dieux ; qui fut toûjours alteré
d'or & de sang ; & qui pour satisfaire de vains
soupçons, fit périr tant d'innocens, & rendit
leurs cendres le joüet des vents ; c'est lui qui
détruisant vos murs a voulu vous laisser sans
défense. Quel est celui de vous auquel il n'aura
pas ravi un pere, un frere, un fils, un parent,

Forse non v' accertate ancor, che questi
Sia pure il figlio mio ? mirate il volto ;
Non ci vedete il quelle ciglia il padre ?
Mà se pur no' l credete al suo sembiante,
Credetelo al mio cor ; credete à questo
Furor d'affetto, che m' hà invasa, e tutta
M' agita, e avvampa. Eccovi il vecchio, il Cielo
Mel manda innanzi ! il vecchio che nodrillo.

     POL. Io, io . . . . MER. Mà che ! che testimon ?
       che prove ?
Questo colpo lo prova : in questa etate
Non s' atterran tiranni in mezzo à un Tempio
Da chi discende altronde, e ne le vene
Non hà il sangue d' Alcide. E qual speranza
Or più contra di voi nodrier patranno
Elide, e Sparta, se de l' armi vestire
Fia conduttor sì fatto Eroe ? EUR. Reina,
Nasce il nostro tacer sol da profonda
Meraviglia, che il petto ancor c' ingombra ;
E più d' ogn' altro à me : mà non pertanto
Certa esser dei, ch' ognun, che quì tu vedi,
Correr vuol teco una medesma sorte.
Sparso è nel popol già, che di Cresfonte
È questi il figlio : se l' antico affetto,
O se più in esso stupidezza, e oblio
Potran, vedremo or' or ; mà in ogni evento
Contra i seguaci del tiranno, e l' armi,
Il nostro Rè (che nostro Rè pur sia)
Avrà nel nostro petto argine, e scudo.

     EGI. Timor si sgombri, che se meco, amici,
Voi siete, io d' armi, e di furor mi rido.

un ami ? & vous hefitez encore ! quoi ! ne re-
connoiffez - vous pas que c'eft-là mon fils ?
voyez fes yeux fi femblables à ceux de fon pere.
Mais, fi vous n'en voulez pas croire fes traits,
croyez-en mon cœur ; reconnoiffez-le à ces
tranfports de l'amour maternel qui me poffede,
& qui m'agite. Voyez ce vieillard ; le Ciel me
l'envoye tout à propos ; c'eft ce vieillard à qui
j'avois confié mon fils.....

Pol. C'eft moi, oui, c'eft moi....

Mer. Mais quoi ? quel témoin, quelle preu-
ve eft donc neceffaire ? en faut-il d'autre que
ce que mon fils vient d'executer ? Qui pourroit,
dans un âge fi tendre , terraffer un Tyran au
milieu de la pompe d'un facrifice , s'il ne def-
cendoit d'Hercule, fi le fang de ce Heros ne
couloit dans fes vaines ? à quoi doivent s'attendre & Sparte & l'Elide, fi vos armes font con-
duites par un tel Heros ?

Eur. Madame, notre filence ne vient que
de l'excès d'étonnement dont nous fommes fai-
fis, & qui nous ôte en ce moment, & à moi plus
qu'aux autres, l'ufage de nos fens : mais cependant vous devez vous affurer que tous ceux
que vous voyez ici , veulent courir une même
fortune avec vous. Le peuple eft déja inftruit
que ce Heros eft le fils de Cresfonte. Nous
connoitrons bientôt fi l'ancien attachement aura plus de force fur ce peuple que l'oubli &
l'étourdiffement où il eft ; mais quelque chofe
qui arrive , nous fçaurons défendre notre Roy
légitime (car nous n'en aurons point d'autre)
& oppofer nos propres corps aux coups que lui
voudroient porter les partifans du Tyran.

Egi. Amis, ne craignez rien ; & pour moi,
dès que vous prenez mon parti, je me ris de

SCENA ULTIMA,

ISMENE, Detti.

ISM. *Che fai, Regina? che più badi? MER. Oimè,*
Che porti?

ISM. *Il gran cortil... non odi i gridi?*
Corri, conduci il figlio. EGI. Io, io v'accorro,
Resta, Reina. ISM. Il gran cortile è pieno
D'immensa turba, uomini, e donne; ogn'uno
Chiede l'Eroe, ch'l fier tiranno uccise;
Vuole ogn'uno vedere il Rè novello.
Chi rammenta Cresfonte, e chi descrive
Il giovinetto; altri dimanda, ed altri
Narra la cosa in cento modi. I viva
Fendono l'aria; infino i fanciulletti
Batton le man per allegrezza. E forza,
Credi, egli è forza lagrimar di gioia.

MER. *O lodato fia tu, che tutto reggi,*
E che tutto disponi. Andiamo, ô caro
Figlio, tu sei già Rè: troppo felice
Oggi son'io; senza dimora andianne,
Finchè bolle ne i cor sì bel disio.

EGI. *Credete, amici, che sì cara madre*
M'è assai più caro d'aquistar, che il regno.

leurs armes & de leur fureur.

SCENE DERNIERE.

Ismene, & les Acteurs de la Scene précedente.

Ism. QUe faites-vous, Madame ? qui vous arrête ici ?

Mer. Ah, que viens-tu m'annoncer ?

Ism. Madame, la Cour de ce Palais.....: n'entendez-vous pas les cris ? hâtez-vous, menez-y votre fils.

Eg. Madame, demeurez, j'y cours.

Ism. La grande Cour du Palais est pleine d'une multitude de peuple ; hommes & femmes, tous demandent à voir le Heros qui a fait perir le Tyran ; chacun veut voir le nouveau Roy. L'un rappelle le souvenir de Cresfonte, l'autre dépeint son jeune fils ; les uns demandent les circonstances d'une action que les autres leur content de cent façons. L'air retentit des acclamations & des cris de joye ; & jusques aux enfans, tous témoignent leur allegresse par de longs battemens de mains. Qui pourroit retenir ses larmes à la vûe de ce spectacle ?

Mer, Dieu tout-puissant, qui gouvernes & qui disposes toutes choses, quelles loüanges ne te sont point dües ? Allons, mon cher fils ; enfin vous êtes Roy : je goûte en ce jour un bonheur trop grand : allons, ne tardons pas, profitons des nobles transports qui les animent.

Eg. Amis, croyez qu'il m'est beaucoup plus doux de retrouver une telle mere, que d'acquerir un Sceptre.

Pol. *Giove, or quando ti piace, à i giorni miei*
Imponi pure il fin : de' miei desiri
Veduta hò già la meta ; altro non chiedo.

Egi. *Reina, à questo vecchio io render mai*
Ciò che gli debbo, non potrei : permetti,
Che à tenerlo per padre io segua ogn' ora.

Mer. *Io più di te gli debbo ; e assai mi piace*
Di scogerti sì grato, e che, il tuo primo
Atto, e pensier di Rè, Virtù governi.

IL FINE.

Pol. Grand Jupiter, finis mes jours quand tu voudras : tous mes souhaits font accomplis, & je n'ai plus rien à te demander.

Egi. Madame, jamais je ne pourrai rendre à ce fage vieillard ce que je lui dois : permettez que je continue à le regarder comme un pere.

Mer. Ah, mon fils, je lui dois plus que vous ; & que je fuis ravie de vous trouver fi reconnoiffant, & de voir que la vertu regle le premier ufage que vous faites de votre pouvoir !

Fin du cinquiéme & dernier Acte.

APPROBATION.

J'AI lû par l'ordre de Monseigneur le Garde des Sceaux, *le nouveau Théâtre Italien*; j'ai examiné en particulier les differentes pieces qui le composent, & je n'y ai rien trouvé qui puisse en empêcher l'impression. Fait à Paris ce 3. Novembre 1728.

DANCHET.

A PARIS,
Chez BRIASSON, rue saint Jacques,
à la Science.

www.ingramcontent.com/pod-product-compliance
Ingram Content Group UK Ltd.
Pitfield, Milton Keynes, MK11 3LW, UK
UKHW021626170726
13836UKWH00005B/2071